Mulheres Sagrada.

Trinta Sinais e Significados de Natureza Suprema
na Antiga Tradição Tibetana

Mulheres Sagradas da Grande Perfeição

Trinta Sinais e Significados de Natureza Suprema
na Antiga Tradição Tibetana

Da *Essência da Mente Primordial de Eliminação dos
Extremos do Céu Claro: Ciclo de Instruções Essenciais
das Linhagens Masculinas e Femininas.*

Comentado por
Geshe Dangsong Namgyal

Namkha Publications
2024

Contents

Dedicatória

Dedico este livro a todos os meus gentis e sábios professores, agradecendo profundamente por sua orientação incansável. Ofereço para benefício e libertação de meus alunos e de todos os seres scientes. Que todas as energias do mundo sejam pacificadas.

Prefácio

Nas escrituras do mais elevado Tantra Budista da antiga tradição Bön, a verdade suprema é revelada: que todos os seres têm o mesmo potencial para o despertar completo e ação compassiva, independentemente de seu gênero. O que também fica muito claro é que os princípios masculino e feminino são unificados no estado desperto do ser. Na afirmação de Buda sobre a existência da natureza búdica em todos os seres, podemos encontrar o que é certamente a mensagem mais profunda e pura de toda a espiritualidade: a igualdade e bondade essencial de todos os seres vivos.

Esta mensagem de todos os seres sagrados foi distorcida ao longo do tempo e escondida pela imperfeição humana e domínio patriarcal.

Estou, portanto, especialmente feliz por trazer esta nova tradução comentada de nossa antiga tradição Bön de ensinamentos dados exclusivamente por mulheres. Esses ensinamentos são de muitos países: Índia, China, Paquistão, Irã, Caxemira, Nepal, Tibete, Zhangzhung. No texto raiz conciso, cada uma das Dakinis oferece um ensinamento na linguagem mística de sinais, seguido por uma explicação verbal que revela abertamente a verdadeira natureza da mente. É um breve texto raiz que faz parte do **Yetri Thasel**, ciclo de ensinamentos Dzogchen do Bön.

A prática desses ensinamentos foi a que me trouxe pessoalmente mais benefícios, em toda a minha vida de estudo e prática. Considero também que essa meditação é de grande utilidade para oferecer à outras pessoas. Com orações e aspirações que podem trazer benefício temporário e final para um amplo público leitor, convido você a aproveitar esta nova tradução comentada do texto raiz que preparei com a assistência de tradução para o inglês e edição de David Molk

—Geshe Dangsong Namgyal, Califórnia, julho de 2021

Satrig Ersang, A Grande Mãe

As Mulheres Sagradas da Grande Perfeição

Trinta Sinais e Significados de Natureza Suprema
na Antiga Tradição Tibetana

Da Essência da Mente Primordial de
Eliminação dos Extremos do Céu Claro:

Ciclo de Instruções Essenciais das Linhagens
Masculinas e Femininas.

O texto raiz faz parte do grande Tantra geral "Claro Espaço: Liberando os Extremos da Mente." Neste texto, iremos focar no Guru Yoga que faz parte da Linhagem Dakini do Puro Dzogchen. Essa é uma linhagem abençoada, pós-visionária. Uma explicação extensa deste assunto exigiria um amplo estudo do Sutra, Tantra e sistemas filosóficos de forma extremamente profunda e abrangente. Nos mosteiros, uma compreensão completa desses ensinamentos exige grande detalhamento.

Neste livro, entretanto, não nos aprofundaremos em um estudo tão completo do assunto. O que apresentamos aqui é a essência do ensinamento de uma forma que você, leitor, possa entender e ser capaz de colocar em prática. Ao praticar, você será capaz de aumentar sua compreensão, assim como o sol ao se elevar no céu, ilumina gradualmente o mundo. Isso dependerá de sua convicção, fé e o grau de sua aspiração; embora, somente fé não seja suficiente, porque irá requerer de sua parte investigação e observação da lógica que embasa estes ensinamentos. Estudo, prática e experiência devem caminhar juntos. O objetivo é realmente atingir percepções da realidade que permitam ver como as coisas realmente são. Para tanto, fé no dharma e no valor da Mente Natural, é essencial. Baseados na confiança e convicção, podemos desenvolver uma compreensão cada vez mais profunda e, eventualmente, alcançar realização.

É por isso que Guru Yoga é importante.

Guru Yoga

Para este Guru Yoga, visualizaremos a imagem de Satrig Ersang, a Grande Mãe, Deusa Amorosa da Sabedoria. Visualize-a no espaço diante de você em um tamanho confortável. Visualize seu corpo, não de forma bidimensional como se fosse um desenho ou pintura, mas como um corpo de luz de natureza compassiva e sabedoria transcendental. Entender o significado incomensurável da Grande Mãe: base ou fundamento de todos os Budas. As muitas Dakinis ou mulheres iluminadas que pertencem a linhagem que vamos estudar são todas emanações da Grande Mãe. Todos os Budas surgem a partir dela e dela são manifestações, como corpos de emanação e de prazer, nirmanakayas e sambogakayas. Todas as emanações de Buda surgem dela.

Sente-se em sua postura habitual de meditação. Visualize que a partir do coração da Grande Mãe, Satrig Ersang, feixes de luz de arco-íris emanam com a natureza do fogo. Eles lhe alcançam e atingem, preenchendo você de uma luz que incinera a ignorância, aflições, estados mentais ilusórios e todos os obstáculos ou obscurecimentos, deixando-o compreender a verdadeira natureza da existência. Este é o fogo da sabedoria que primeiro queima toda ignorância e obscurecimentos.

A seguir, visualize a luz que emana do coração da Grande Mãe entrando em você na forma de água de sabedoria e limpando toda a negatividade e obscurecimento.

Agora, visualize a luz que emana do coração da Grande Mãe como o vento da sabedoria que, ao te atingir, sopra para longe todos os pensamentos conceituais, ilusões e o samsara.

Visualize que surge da coroa da Grande Mãe, uma sílaba AH (⊠) Branca, da natureza da sabedoria transcendente de Buda, e se dissolve no seu próprio chacra coronário, sua coroa. Sinta que você recebe todos os atributos físicos e qualidades de um corpo iluminado, quando este AH branco entra e se dissolve em sua coroa. Agora visualize que emana da garganta da Grande Mãe, uma sílaba *OM* (⍿) Vermelha, e se dissolve em sua própria garganta e você recebe todas as qualidades do discurso iluminado.

Então, visualize que aflora do coração da **Grande Mãe**, um *HUNG* (⍟) Azul, e se dissolve em seu próprio coração, recebendo por meio dele todas as qualidades da mente iluminada. Sinta que todos os obstáculos e resistência à compreensão dos ensinamentos desapareçam e você se torna um receptáculo perfeito, um vaso perfeito para receber essas instruções. Entenda e regozije-se com isso!

Esta meditação é uma iniciação ou empoderamento. Sinta que você acaba de receber o poder de entender o que os tibetanos chamam de *neluk (gnas lugs)*, a verdadeira natureza da mente, que aqui denominamos Mente Natural. A bênção que recebemos neste empoderamento é a capacidade de compreender e realizar a Mente Natural, comparado ao despertar. A ignorância ou desconhecimento é como o sono, e essa bênção é compreensão iluminada. É uma questão de decisão, determinação, livre de esperança e medo. Neste estado já deixamos o topo da montanha e não há mais nada a buscar ou esperar. É na doçura comparada ao melaço ou açúcar mascavo, que você entende que todos os fenômenos tem um único sabor na Mente Natural. Você vê todos os fenômenos, todas as formas, sons, de qualquer tamanho ou cor, como sendo ondas no oceano. Elas podem ser grandes ou pequenas, mas todas são oceano.

Você também vê todos os fenômenos como semelhantes ao céu ou ao espaço. Temos todos os tipos de experiências agradáveis e dolorosas, mas percebemos que elas não podem nos afetar; são como o espaço, como a claridade. Quando esses sentimentos e experiências surgem, é o Guru Yoga crescendo dentro de nós; é o que se chama receber a iniciação ou empoderamento. Este tipo de experiência surge através da prática do Guru Yoga, que deve ser praticado diariamente de forma contínua. A limpeza diária de problemas ou dificuldades nos beneficia momentaneamente, mas benefícios maiores podem se manifestar no futuro, no momento da morte e além.

Agora podemos receber a iniciação da Grande Mãe, Sartrig Ersang, a essência de onde emanam todos os Budas. A Grande Mãe é reconhecida como o Buda principal, de todos os Budas. Em comparação com o cristianismo e outras religiões, ela seria Deus. Em muitas religiões, Deus é visto em um aspecto masculino, mas nesta antiga tradição, ele é visto como mãe. Essa é a compreensão do antigo Tibete, a divindade maior é uma mulher. Eu vejo isso como natural. É ela que visualizamos como fonte dos ensinamentos Dzogchen, perfeições ou paramitas. Ela é a **Grande Mãe Perfeição de Sabedoria, Prajnaparamita**. Ela também é considerada como o espaço, que é considerado ausência de ego e vacuidade. Prestam-se a ela homenagens

4

como a fonte de tudo o que existe, onde tudo habita e onde tudo irá se dissolver.

Esta é visualização na qual você se concentra, quando em equilíbrio meditativo. Da mesma forma, quando você surge como divindade, você se vê neste aspecto. A única esfera da realidade, o único *bindu* (gota de realidade da Mente Natural) é também ela, a **Grande Mãe**. A **Grande Mãe** existe dentro de cada um de nós, intrínseca a nós mesmos.

Está sempre lá e nós nunca estamos separados da **Grande Mãe**. Ela não é apenas um retrato em uma pintura de pergaminho ou *thangka*. Ela é primordialmente a inseparabilidade de vacuidade e luminosidade, de abnegação e clareza que a tudo ilumina. Visualize a Grande Mãe desta forma, com todas as suas roupas cloridas e ornamentos e pratique Guru Yoga com ela.

Esta escritura foi ditada pela Grande Mãe e chega a nós por meio de uma sucessão ou linhagem de mulheres iluminadas. Essas Dakinis, mulheres iluminadas ou *Khandro* como dizemos em tibetano, são de diferentes lugares de toda a Ásia.

O principal tema desta escritura e comentários é a esfera única da Mente Natural. Pode ser difícil de ser compreendida, se você não tem experiência pregressa com nenhum ensinamento Dzogchen, e para entendê-la; procure se familiarizar com mais estudos e práticas.

Esses ensinamentos são focados na realidade última. A princípio, pode ser difícil compreender e integrar esses ensinamentos. O vazio que que aqui descrevemos está em conexão com nossa mente, dentro do contexto de tudo o que experimentamos em nosso ambiente; no relacionamento entre sujeito e objeto; na nossa percepção de formas, sons, cheiros, sabores e objetos tangíveis. Precisamos entender nossa mente e como mantê-la.

Identificar e reconhecer a mente desta forma é como capturar um ladrão em uma passagem abandonada. Se você sabe que um ladrão virá por um determinado caminho, você pode esperá-lo para capturá-lo. Esse é o processo de identificar e reconhecer a mente. Outra metáfora útil para entender este processo é imaginar alguém tentando capturar um animal. Se o animal estiver atento, a chance de pegá-lo será mínima. É apenas quando ele se distrai que você consegue capturá-lo. É desta forma que precisamos vislumbrar, identificar ou reconhecer a Mente Natural.

Não é suficiente falar sobre isso, descrever ou explicar. Em vez disso, devemos identificar em nossa própria experiência. Uma vez que identificamos em nossa experiência, "isso é a vacuidade, isso é a clareza", então podemos continuar discutindo, explicando – mas é essencial que se tenha reconhecido esse processo por experiência própria.

Como apresentamos a Mente Natural? Dizemos que é como um sonho. Quando você está sonhando é como se tudo estivesse realmente acontecendo, mas na verdade não está. Não é real. Assim, são nossas experiências, apenas construções mentais fabricadas pela mente. Essas construções da mente são vazias. São como ilusões.

É assim que nós as identificamos. Em tibetano, chamamos de *tongpa nyid (stong pa nyid)*, vacuidade, ou em sânscrito, *shunyata*. Essas construções mentais são como nuvens no céu, que se juntam e se formam e depois se dissipam e desaparecem. Esse vazio não é a vacuidade. Pelo contrário, é algo que tem auto-surgimento e auto-conhecimento, de onde todos os fenômenos surgem e se dissolvem.

É com esse entendimento que iremos realizar a **Grande Mãe**. É também o que chamamos de Bodhichitta em sânscrito, ou mente de iluminação. O termo tibetano é *jangchub sem (byang chub sems)*. Cada uma dessas sílabas tem seu próprio significado.

A primeira sílaba, *jang*, é muitas vezes traduzida como iluminação, mas significa literalmente puro e expandido. Refere-se ao que é primordialmente puro, nunca tendo sido corrompido ou contaminado. É o mesmo para todos os seres vivos, humanos, animais, Budas - desde o início, a Mente Natural nunca foi contaminada.

A segunda sílaba, *chub*, significa dotado de todas as qualidades do Buda que estão espontaneamente presentes. Não há maneira de realizar, despertar ou atingir o estado de Buda que não esteja incluído nele. Todas as sessenta perfeições estão aqui incluídas.

Toda a compaixão está presente assim como o sol, o espaço, o chão, a Terra, o rio que flui continuamente, sem cessar, sem nunca ser interrompido. É uma compaixão imparcial estendida a todos, assim como o sol que emana seu brilho em tudo. É como o solo que não não importa o quanto você o use, nunca se esgota. É como o espaço, algo que não podemos entender com pensamento conceitual ou palavras comuns. Todas essas qualidades estão espontaneamente presentes na Mente Natural. Esse é o significado da segunda sílaba, *chub*.

A terceira sílaba *sem*, representa a mente, significando que as duas qualidades "pureza primordial" e "presença espontânea" são inseparáveis. Quando dizemos mente neste contexto, não é da mente comum que estamos falando.

Aqui todo o significado da bênção, do empoderamento, ou da iniciação que recebemos é essa compreensão e a capacidade de colocá-la em pratica. Toda escritura se refere a isso: altruísmo,

Mente Natural. Não pense que existe algum outro assunto além do que indicamos agora.

Em outros contextos, haveria muito o que discutir sobre mente, em termos de mente principal, fatores mentais, mente comum e mente transcendente. Nenhuma dessas discussões tem relevância aqui. Concentraremo-nos na Mente Natural, na inseparabilidade da pureza primordial e da presença espontânea de todas as qualidades. Trata-se de reconhecer a Mente Natural e o método de praticá-la, que leva à iluminação.

Prática significa aprender, ouvir e discutir, tudo faz parte da prática, mas de particular importância deve ser a necessidade de ter experiência interior.

ས་ཏྲིག་ཨེར་སངས་ཀྱི་གསོལ་འདེབས།

Oração de Satrig Ersang

༄༅།། །།དབྱིངས་ཀྱི་ཡུམ་ཆེན་མོ་ས་ཏྲིག་ཨེར་སངས་ནི།

ying-kyi yum chen-mo sa-trig er-sang ni
GRANDE Mãe da Esfera Infinita, Satrig Ersang,

སྐུ་མདོག་གསེར་གྱི་སྙིང་པོ་འདྲ།།

ku-dog ser-gyi nying-po dra
sua cor é como a essência do ouro

རྒྱན་དང་ཆ་ལུགས་གཞལ་ཡས་ཁང་།།

gyen-dang cha-lug zhe-ye-kang
seus ornamentos, vestimentas e o palácio da mandala

གསེར་ལ་གསེར་གྱི་འོད་ཀྱིས་རབ་ཏུ་མཛེས་པར་རྒྱན།།

ser-la ser-gyi ö-kyi rab-tu dze-par gyen
são dourados e adornados com luzes douradas.

ཕྱག་མཚན་གཡས་ན་གསེར་གྱི་ཡི་གེ་དཔའ་བོ་འབྲུ་ལྔ་བསྣམས།།

chag-tsen ye-na ser-gyi yi-ge pa-wo dru-nga nam
Em sua mão direita segura as 5 sílabas guerreiras

ཕྱག་མཚན་གཡོན་ན་སྣང་གསལ་གསེར་གྱི་མེ་ལོང་བསྣམས།།

chag-tsen yön-na nang-sel ser-gyi me-long nam
em sua mão esquerda segura um brilhante espelho dourado

རིན་པོ་ཆེ་ལྟར་ཏྲ་བ་ཡི། །རྩལ་ཆེན་སེང་གེ་གཉིས་ཀྱི་ཁྲི་ལ་བཞུགས།།

rin-po-che tar tra-wa-yi tsel-chen seng-ge nyi-kyi tri-la zhug
preciosa como uma jóia, ela senta em um trono de dois poderosos leões

བྱིན་གྱིས་རླབས་ཀྱིས་འགྲོ་བའི་དོན་མཛད་པའི།།

jin-gyi lab-kyi dro-way dön-dze-pay
ela oferece bênçãos para o bem-estar de todos os seres

ས་ཏྲིག་ཨེར་སངས་སྐུ་ལ་ཕྱག་འཚལ་ལོ།།

sa-trig er-sang ku-la chag-tsel-lo
homenagem à presença de Satrig Ersang!

Satrig Ersang, A Grande Mãe

Satrig Ersang

Homenagem à Principal Dakini dos Cinco Grupos de Dakinis!!

*A **Grande Mãe Satrig Ersang** emanou uma bela samaya-dakini, **Dzema Yiwongma**, que ofereceu estas instruções abençoadas da linhagem feminina para as deusas (Walmo) e dakinis. Toda a linhagem feminina ficou satisfeita e livre de dúvidas. A samaya-dakini **Dzema Yiwongma** trouxe essas instruções do espaço, escrevendo-as com tinta de lápis-lazúli em folhas de cobre, abençoou-as e as doou para a linhagem feminina. A dakini indiana **Ulishag** traduziu-as para o sânscrito.*

O sentido é apresentado em dois aspectos: demonstração direta de sinais não-verbais e explicação verbal de todos os significados incluídos na Mente Natural.

Como discutido, a Grande Mãe Satrig Ersang representa a matriz de todos os seres despertos, todos os seres iluminados. Ela, a Grande Mãe, surgiu como uma Dakini Damstig Khandro, e para dar as instruções às Dakinis, trouxe do espaço uma folha de cobre escrita em tinta azul de lápis-lazúli. Foi assim que essas instruções surgiram e foram doados para uma Dakini indiana (*Khandro*) chamada Ulishak, que os traduziu para o sânscrito. É a partir deste evento que se desenvolveu a prática.

1. Dakini Dzema Yiwongma

No. 1 Dakini Dzema Yiwongma

Samaya-Dakini Dzema Yiwongma ensinou a Dakini Ulishak, a indiana.

Sinal número 1: uma linha de luz no espaço.

Significado 1: Este bodhicittadharmakaya primordialmente existente carece dos cinco agregados; está além de florescimento e declínio, nascimento e morte, união e separação e não pode ser morto ou destruído. Toda existência está incluída na Mente Natural, habitando primordialmente dentro do dharmakaya. Da transmissão mental da linhagem vidhyadhara, foi então passada ao mundo pelas divindades.

Assim ela falou.

A Primeira Dakini, Samaya-Dakini, deu esses ensinamentos à indiana Dakini Ulishak, primeiro revelando um sinal e depois explicando o seu significado. Muitas vezes, os sinais usados em transmissões da linhagem não eram falados, mas eram comunicados de forma não verbal. Em cada caso, algum tipo de sinal era revelado e seu significado depois esclarecido.

O primeiro sinal que a Dakini mostrou foi "uma linha de luz no espaço." Qual o significado disso? O significado disso é o Dharmakaya, neste contexto referido como o *Bonku (bon sku)*. É *Bodhichitta*, a Mente Natural a que nos referíamos antes. O texto diz que, primordialmente, *Bonku ou Bodhichitta* é livre dos cinco agregados: não conhece juventude ou velhice, aumentos ou decréscimos, está além do nascimento e da morte, e assim por diante. Dos três corpos - *Dharmakaya, Sambhogakaya e Nirmanakaya*, este é o *Dharmakaya ou Bonku*. Não melhora ou piora, porque não está vinculado aos cinco agregados samsáricos de forma, sentimento, percepção, conceito e consciência. Portanto, não aumenta ou diminui, não melhora ou degenera. Em contraponto às pessoas comuns, animais e coisas impermanentes, que nascem, produzem e crescem, e eventualmente degeneram e morrem, o *Bonku (Dharmakaya)* é não nascido e incessante. Não existe um momento em que ele começa ou um momento que se desintegre ou desapareça. O texto afirma que está além do nascimento e da morte, portanto além da criação e da desintegração e, portanto, nunca houve algo que poderia ser destruído. Tudo o que aparece e existe, aparece e existe dentro da mente, residindo na dimensão do *Bonku* primordial, que é a fonte de tudo o que aparece e existe. Como é dito, "Homenagem à Grande Mãe da qual todos os fenômenos surgem, onde todos os fenômenos habitam e na qual todos os fenômenos se dissolvem."

Bonku é onde todos os fenômenos surgem, habitam e se dissolvem. Tudo o que aparece está sempre dentro dele e permanece sempre dentro dele. Nunca nada está separado ou fora do *Bonku*. Tudo surge, permanece e se dissolve nele.

2. Dakini Ulishak

No. 2 Dakini Ulishag

A Dakini indiana Ulishag, revelada à Deusa Dakini Namkha Ökyi Gyelmo.

Sinal número 2: palmas irrompendo no espaço.

Significado 2: Porque não tem um final, dentro da faixa de vitória indeclinável de Bodhicitta -Mente- Natural, Dharmakaya não aumenta ou diminui; é imutável; é o grande e indestrutível yung-drung dos três tempos, uma faixa primordial de vitória que não abandona a matriz do samsara e do nirvana.

Assim ela falou.

Este *Bonku, Dharmakaya,* ou Mente Natural de que falamos, não melhora ou se torna melhor. É como sempre foi. Não aumenta nem diminui. É imutável. O símbolo do Yung Drung (suástica) significa que é imutável, no passado, presente ou futuro. A faixa pristina da vitória é livre dos extremos do samsara ou nirvana. O simbolismo da faixa da vitória é que ela é algo que nunca é arriada, nunca desaparece. Nunca deixa de existir.

É incessante e traz o sentido de ser vitorioso. É a base, tanto do samsara quanto do nirvana, e nunca é destruída. Lembre-se que estamos falando de todas estas características e qualidades da Mente Natural. A mesma esfera única é a natureza da realidade, a Mente Natural, *Bodhichitta* e *Dharmakaya*. Todas essas descrições pertencem a esse único tema, é aqui o foco de tudo.

3. Dakini Namkha Ökyi Gyelmo

No. 3 Dakini Namkha Ökyi Gyelmo

Deusa Dakini Namkha Ökyi Gyelmo revelada à Dakini Salwa Yingchug Ma de Razhag.

Sinal número 3: Seu corpo pairando no espaço.

Significado 3: A característica que define a Mente Natural é ser primordialmente iluminada. Yung-Drung Bodhicitta está além do pensamento, causas e condições. Deixando o corpo e a mente inalterados, surge no Dharmakaya singular, livre de extremos da aparência e do Vazio: o corpo primordialmente auto-surgido.

Assim ela falou.

Então, a Terceira Dakini, também conhecida como Walmoza, passou estas instruções para a Dakini Razhagza Salwa Yingchyugma. O sinal que ela transmitiu significa que a natureza da mente é ser sempre iluminada, agora e para sempre.

É primordialmente livre de causas e condições. Causas e condições indicam a existência de algum tipo de processo ou esforço. Um resultado depende de uma causa e, portanto algum tipo de transformação ou mudança precisa ocorrer. Por exemplo, uma flor tem sua causa na semente que foi plantada. Existem dois tipos de causas: as primárias diretamente relacionadas a substância real do efeito, como a semente que se torna a flor e as secundárias, representadas por todas condições que contribuem para que a semente brote e transforma-se em flor; como a água, o solo, o fertilizante, o sol e assim por diante. Essas são os dois tipos de causas que participam da produção da flor. Ao ver um objeto, mentes comuns geram causas como sentimentos agradáveis ou desagradáveis e passam a rotular o objeto como bom ou mal, positivo ou negativo e assim por

19

diante. Mentes comuns geram diferentes tipos de condições causais que entram em sua própria produção.

Alguns professores de Dzogchen explicam a Mente Natural de forma semelhante, envolvendo causas e condições, mas não é bem assim. Ela é livre de pensamento conceitual e já está além do pensamento e dos conceitos. Temos pensamentos, assim como temos um corpo. A Mente Natural não é afetada pelo seu corpo, assim como não é afetada por pensamentos conceituais. É o *Yung Drung* (suástica) *Bodhichitta*. *Yung Drung* significa que é imutável e a Mente Natural está isolada do corpo e da mente. Nem o corpo nem a mente ordinária podem afetá-la. O que estamos afirmando é que essas diferentes aparências não a prejudicam. Elas surgem a partir dela, habitam nela e nela se dissolvem. A Mente Natural não é prejudicada ou afetada pela mente comum.

Às vezes, este é um ponto que é discutido e debatido com lógica. Basicamente estamos afirmando que a Mente Natural está além do corpo, da mente e do discurso comum. Entretanto; corpo, discurso e mente comuns não estão além da Mente Natural. Eles estão contidos nela. Esta é a grande diferença. Esta é a dimensão da natureza da mente em que os objetos de meditação são liberados no Estado Natural.

É dito que as aparências e o vazio são inseparáveis. Não é apenas vazio. Não é apenas clareza. Quando dizemos clareza, pense na mente da clara luz, a Mente Natural pura. Vazio e clara luz não podem ser separados; são simultaneamente inseparáveis e um só. É dito ser o corpo que surge por si mesmo. Isto não é algo que foi criado por um criador.

Não é algo que foi alcançado por meio de acumulação de mérito e sabedoria, desenvolvendo-se a partir desta base. Sempre surgiu por si mesmo.

.

4. Dakini Selwa Yingchug Ma

No. 4 Dakini Salwa Yingchug Ma

Dakini Salwa Yingchug Ma de Razhag revelada à Dakini Ökyi Lama de Zhang Zhung.

Sinal número 4: puxar a nuca com os dedos da mão direita.

Significado 4: Primordialmente não obscurecida, a Mente Natural é vazia e clara. Olhando para mente por meio da mente, os objetos e aparências se esgotam. Então, estabelece-se um estado além dos objetos observados, sem nada para ver. Este é o espaço vazio da mente; objetos de meditação são liberados dentro da Consciência Pristina.

Assim ela falou.

A Mente Natural nunca obscurecida por impressões ou aparências, tem a dupla característica de estar simultaneamente vazia e clara. Se a raiva surge em nossa mente e a olhamos de frente, como uma entidade; ela desaparece. O que você encontra, quando você olha e foca em algo especial? Nada. Alguns textos mencionam que é como o espaço; apenas vacuidade vazia. Ao focar nesta vacuidade vazia, você encontra a Mente Natural. O que lhe causou raiva, o objeto de seu aborrecimento, é afastado de sua mente. Você não precisa se concentrar nisso. O objeto da meditação é liberado para a consciência pura; naturalmente liberado, automaticamente solto. Esta é maneira que meditamos. É assim que os problemas diários evaporam-se, dissipam-se. É assim que reconhecemos a Mente Natural, é assim que se faz. Esse é o procedimento básico que seguiremos para meditar sobre a Mente Natural. Esse é o processo. Quando um objeto surge na mente, um objeto de raiva, olhe diretamente para a entidade raiva, nada a encontrar, nada para segurar, nada para agarrar, nada além de espaço vazio e, em seguida, estabeleça o equilíbrio e concentre-se nisso. É assim que meditamos na Mente Natural.

5. Dakini Ökyi Lama

No. 5 Dakini Ökyi Lama

Dakini Ökyi Lama de Zhangzhung revelou à Senhora da família Dong, Dakini Kharmokyong.

Sinal número 5: parada automática do pensamento.

Significado 5: O espaço é um exemplo da Mente Natural. O significado exemplificado é ser primordialmente desperto. Vacuidade e clareza incondicional, a Consciência Pura a tudo permeia, do centro às bordas. Dharmakaya está vazio, além de objetos inerentemente existentes. Estabelece-se, integrando-se com a Consciência Pura, baseando-se no que aparecer.

Assim ela falou.

A quarta e quinta transmissões são realmente bastante semelhantes. O exemplo é o céu. O significado é que a Mente Natural é primordialmente iluminada. Em geral, a Mente Natural está além dos símbolos e dos sinais. Falar de sinais e símbolos pode indicar uma alguma aproximação a ela e nos fornece um caminho pelo qual podemos alcançá-la. Portanto, temos este exemplo de espaço, o céu. O sentido é que ele é primordialmente iluminado. Criamos muito carma, mas como explicado antes, isso não pode prejudicar ou afetar a Mente Natural.

Ao ter a experiência da Mente Natural, fica muito fácil nos liberarmos do carma. Ao invés de implementar diferentes tipos de antídotos e métodos para purificar o carma e liberar-se da causa e efeito do carma, focar na Mente Natural e experimentar a Mente Natural na meditação é um método mais rápido para atingir esta purificação. A purificação e o acúmulo de energia positiva pode ser buscada por meio da recitação de mantras, ou meditação em divindades e oferendas, mas a meditação Dzogchen com foco na Mente Natural é uma maneira muito mais poderosa de fazer o mesmo. Isso porque todas as aparências surgem, permanecem e se dissolvem na Mente Natural.

É o mesmo com o carma. Portanto, é mais fácil liberar o carma na Mente Natural. É por isso que dizemos que na Mente Natural somos primordialmente iluminados. A Mente Natural permeia todos os fenômenos. Ao contrário da inteligência comum, essa não dualidade de vacuidade e realização é referida em tibetano como *Rigpi Yeshe*, a sabedoria atemporal da consciência pura. A Mente Natural está além de todos os fenômenos convencionais que aparecem para os seres vivos – como formas para os olhos, sons para os ouvidos, cheiros para o nariz, sabores para a língua e sensações para o corpo. Podemos permanecer nesta Mente Natural que está além de todos os objetos convencionalmente apreendidos?

Sim, nós podemos. Podemos nos acomodar e relaxar nela porque nunca estivemos realmente separados dela. Em geral, afirmamos que ela não tem começo. Sempre fomos inseparáveis dela e isso também continuará no futuro. É por isso que podemos habitá-la. É por isso que podemos entendê-la e realizá-la. É por isso que podemos, definitivamente, dissipar e limpar as aflições mentais ou problemas nela.

Uma linha nos dá nossas instruções de meditação: "Não importa que aparências surjam, contemple-as e integre-as na Consciência Intrínseca."

Isso não significa que temos que detê-las ou impedir que surjam. Não fazemos isso, quaisquer que sejam as aparências. Externamente, pode ser um dia de sol brilhante ou chuva de verão, ou, no caso de nosso estado mental, podemos estar felizes ou tristes; não faz nenhuma diferença. Olhando diretamente para ele, chegaremos ao Estado Natural, assim como as nuvens se dissipam para revelar o céu.

Há uma grande diferença aqui nesse método. Se pararmos consciente ou intencionalmente as aparências, não chegaremos ao Estado Natural. Quando se diz que não importa que aparências surjam, observe-as e integre-as na Consciência Intrínseca, isso é muito diferente de dizer que não importa que aparências surjam, pare-as e estabeleça-se. Não, quando surgem as aparências, nos acomodamos na Mente Natural.

Existem diferentes formas de meditar. Por exemplo, no caminho do meio, *Madhyamaka*, medita-se na vacuidade ao cessar ou interromper a aparência convencional. Existe uma grande diferença. Aqui não há como parar as aparências; apenas estabelecendo-se no Estado Natural. É assim que devemos meditar.

6. Dakini Kharmokyong

No. 6 Dakini Kharmokyong

A Senhora Dong, Dakini Kharmokyong, mostrou à Dakini Mang-je Salgye-ö da Pérsia.

Sinal número 6: luz no espaço.

Significado 6: quando examinamos a Mente Natural, seja o que for que apareça, é primordialmente puro. Como as aparências naturais são liberadas, isso é Dharmakaya não dual. Toda a existência é liberada, não rejeitada; este é o despertar supremo. O que quer que aconteça nas aparências é manifestação da Consciência Pura.

Assim ela falou.

Quando analisamos a Mente Natural em termos de sua função, em termos do que surge a partir dela, percebemos que tudo o que aparece é primordialmente puro. O que encontramos é algo que está vazio. Assim como o gelo pode parecer diferente da água, quando derrete; não é diferente da água. Quando as aparências surgem em sua mente e você as examina, elas se dissolvem de volta ao estado natural. Notamos que elas não eram nada menos que o estado natural da mente de pura consciência. Ao examiná-las, elas são liberadas e se fundem à Mente Natural.

Podemos ter todos os tipos de pensamentos surgindo em nossas mentes, sentimentos agradáveis ou dolorosos, mas quando olhamos para eles; eles não têm mais para onde ir. Eles se dissolvem de volta ao Estado Natural, não dual, de onde surgiram. É como se você derramasse água na água, ou como o vento soprando no céu - olhe para esses pensamentos e eles desaparecerão. Nós os perdemos no espaço da Mente Natural. No caso de sentimentos desagradáveis ou raiva surgindo em nossa mente, eles surgem da Mente Natural. Eles não têm outra base, nenhum outro fundamento além da própria Mente Natural. Naturalmente, não há outro lugar para eles irem. Quando um copo de água com lodo é agitado, tudo parece nublado. Se for permitido que se acalme e sem nenhum movimento, então o lodo se precipita no fundo e a água parece clara.

Quando a mente é deixada imperturbável e esses conceitos semelhantes ao lodo podem se assentar, então a liberação final pode ser alcançada. Quando isso acontece, não é que os pensamentos e conceitos foram dissipados ou eliminados quando a liberação é alcançada. É que, conhecendo sua natureza, eles são liberados e a liberação é alcançada.

A última linha da definição deste signo é muito poderosa. Dongcham Kharmokyong disse a Tazigza Manggye Salgyema que:

"Tudo o que acontece nas aparências é a manifestação da Consciência Pura". Esta é a natureza de todas as aparências na mente; elas são a manifestação ou energia da consciência pura. Não há necessidade de se livrar delas. Não há necessidade de fazer nada com elas. Todas as aparências são manifestações da própria sabedoria transcendente pura. Não importa o sentimento doloroso que você tenha e o que quer que você pense - se você pensa "Oh, eu sou estúpido" ou se algum tipo de ilusão surge na mente - você não precisa se preocupar com isso porque é apenas uma manifestação de sua própria consciência de sabedoria pura. Se você tentar usar algum outro método para se livrar dessa preocupação, desse sentimento ou pensamento doloroso, isso só piorará. Se outro pensamento for necessário como antídoto, então esse processo será interminável e haverá outra razão e outro pano de fundo, e então esse pensamento, novamente, precisará de outro suporte e outro... e assim tudo se torna interminável. É como se você estivesse jogando uma bola de bilhar na outra, esperando afundar a primeira bola. Não vai funcionar. Você irá acertar uma bola e essa bola vai ricochetear e acertar outra, estabelecendo uma reação em cadeia. O tipo de liberação de que estamos falando é uma liberação natural; quaisquer sentimentos ou pensamentos que surjam são naturalmente liberados.

Como uma cobra que está enrodilhada formando um nó, se alguém tentar desatar o nó, não irá conseguir. Mas a cobra pode facilmente desfazer seus próprios nós. É assim que a liberação acontece. Se você entender a Mente Natural, essa luminosidade vazia se torna como uma casa vazia para um ladrão. Um ladrão entra e vê que não há nada para roubar, então não volta mais.

Temos as seis consciências: os cinco sentidos da consciência juntamente com a consciência mental, e todos têm uma função. A consciência visual percebe objetos. A consciência auditiva, os sons. A consciência olfativa, os cheiros. A consciência gustativa capta os sabores e o corpo físico sente. A consciência mental pensa e está ciente das coisas. Uma vez que entendemos o Estado Natural, essas consciências continuam a funcionar, mas não nos apegamos à realidade que percebem. Quando isso acontece, não são criadas mais predisposições cármicas. Como na última linha desta instrução, quaisquer aparências que surjam na mente são estabelecidas como sendo o Estado Natural da mente, a própria Mente Natural e a energia da própria Mente Natural surgindo. Então o carma não é mais criado e uma grande liberação será alcançada. Ao nos tornar muito seguros de que o que quer que apareça em nossa mente, quaisquer que sejam as atividades em que o corpo, fala e mente se envolvam, são as próprias manifestações ou energia de sua própria Mente

Natural, então tudo se torna prática. Tudo se torna parte da prática, ou suporte da prática. Cantar ou fazer atividades físicas – todos eles são percebidos como manifestações da Mente Natural. Pensar torna-se uma atividade na qual não há apego envolvido. Isso é algo muito importante para entendermos. É uma forma de transformar todas as nossas atividades em prática. Não temos muito tempo para a prática formal. Temos que gastar muito do nosso tempo trabalhando, conversando e fazendo diferentes atividades. Manter a consciência de que tudo isso é energia da nossa própria mente iluminada, tudo é manifestação da Mente Natural, é uma prática útil para nós, porque então todas as nossas atividades diárias podem ser transformadas em prática.

Em primeiro lugar, é importante que tenhamos uma compreensão intelectual disso. Em segundo lugar, precisamos ter convicção que esse é o caso, para acreditar que isso é verdade. Essa convicção ou crença não deve ser derivada simplesmente de ler o texto e dizer "Ah, é assim que é", mas por meio de nossa própria prática e experiência. Chegar a entender isso, desenvolve uma convicção profunda dentro de nós. Isso vai além de apenas ter convicção neste particular Guru Yoga ou qualquer outra instrução, mas ter a confiança no próprio Estado Natural, saber que sua própria Mente Natural é a consciência transcendente da sabedoria e ter profunda convicção disso.

7. Dakini Mang-je Salgye-ö

No. 7 Dakini Mang-je Salgye-ö

Dakini Mang-je Salgye-ö da Pérsia mostrou à Dakini Dutsi-kyong de Uddiyana, de casta inferior.

Sinal número 7: os braços abraçando as coxas.

Significado 7: no espaço da Mente Natural, primordialmente vazio, onipresente, surgem manifestações de mudras, mandalas, formas e cores. Elas nunca se movem fora da natureza última da mente. Como não saem da mente, a verdadeira natureza é o selo da Mente Natural.

Assim ela falou.

Primariamente, isso descreve como as aparências surgem dentro da vacuidade, como os quatro elementos e seres sencientes, assim como seres iluminados, suas moradas e mandalas. Onde eles estão? Eles estão no vazio. Isso é como dizer, onde estão a lua e todas as estrelas? Eles estão no espaço. Todos os fenômenos existem dentro da natureza última, abnegação e vacuidade. Podemos pensar que isso é como um espaço vazio, mas não é. O espaço vazio é um vazio comum porque não possui as qualidades de sabedoria e iluminação. O mero espaço vazio não tem capacidade de dar origem a aparências. Todas as diversas variedades e aspectos de divindades de meditação, como a Grande Mãe Choza Bonmo, a Grande Mãe Perfeição da Sabedoria, com todas as suas cores e ornamentos – tudo isso surge dentro do altruísmo ou vazio. É a Mente Natural que tem o poder de dar origem a todas as qualidades iluminadas, ou seja, qualidades realizadas e atividades do corpo, fala e mente. Tudo são manifestações da sabedoria transcendente da Mente Natural.

Desta forma, esse vazio de que estamos falando não é apenas um vazio exatamente como o espaço; espaço é usado apenas como um exemplo. É exaltado acima disso. Todas as qualidades realizadas estão espontaneamente presentes dentro dele. Quando falamos sobre vacuidade, você não precisa se preocupar se estamos falando apenas de alguma vacuidade onde não há nada, ou algo assim. Em vez disso, tem todas as qualidades despertas espontaneamente presentes, incluindo, por exemplo, as sessenta perfeições. Há um conjunto de seis perfeições e um conjunto de dez, e eles podem ser multiplicados para chegar a sessenta, e subdividimo-los. Por exemplo, com a perfeição da generosidade, há a generosidade da generosidade, a disciplina da generosidade, a paciência da generosidade, o esforço da generosidade, a concentração da generosidade e a sabedoria da generosidade, sem contar, os métodos da generosidade, as orações da generosidade, o poder da generosidade e a transcendente sabedoria da generosidade. Todas as seis ou dez perfeições podem ser subdivididas assim. Tudo isso são permutações das perfeições e os sessenta aspectos estão espontaneamente presentes na Mente Natural.

Cada uma dessas instruções foi dada individualmente de uma mulher para outra, de uma Dakini para outra. Mas, em todos elas estamos lidando com nosso único tema, as características específicas do vazio que está cheio de potencial, a Mente Natural.

8. Dakini Dutsi-kyong

No. 8 Dakini Dutsi-kyong

Dakini Dutsi-kyong de Uddiyana mostrou à indiana Dakini Thuchen de Phamting.

Sinal número 8: movendo-se para baixo e pressionando com a mão.

Significado 8: Uma vez que a Mente Natural não é objetificável, Dharmakaya está além do esforço. Não tem cor, nem forma e nem dimensões. Uma vez que está primordialmente além da criação e desintegração, não pode ser destruído por nada. Habita no espaço sem objeto, vazio e onipresente.

Assim ela falou.

Quando falamos de Mente Natural ou verdadeira natureza, *Bonku* ou *Dharmakaya*, ambos se referem à mesma coisa. A natureza da mente é sem objeto. Está além da dualidade, transcende a dualidade. Está além do esforço convencional, sendo aplicado. Quando você integra-se a isso, fica fácil. Isso é ensinado para que entendamos que a meditação não é fabricada; não é realizada com esforço. É exatamente porque a Mente Natural está além de todo esforço convencional que você deve prestar atenção à ela. A razão pela qual precisamos olhar para ela e meditar sobre ela, é para entender que as aparências que surgem, dela se originam. Uma vez que entendemos e realizamos a Mente Natural, ela encerra nossas provações e tribulações. Se alguma raiva intensa surgir em sua mente, quando você tiver uma forte compreensão de que é a Mente Natural manifestando essa emoção ou pensamento, então ela pode ser liberada muito rapidamente e dissolvida instantaneamente. Assim como quando você sofre uma dor aguda em seu corpo, você toma um remédio para aliviá-la e a dor desaparece.

41

A natureza da Mente Natural é livre de cor, forma, tamanho e objetos. Não é como um objeto convencional. Isso ocorre porque não é formada; portanto, não tem cor, forma, tamanho e assim por diante. Quanto ao tamanho desta Mente Natural, uma declaração no texto dos 21 Nails diz que é do tamanho da primeira articulação do polegar. Mas, na verdade, isso é um símbolo de algo que não diminui nem aumenta. É descrito como fixo em um tamanho específico, mas isso não significa que tenha um tamanho real. Você não pode interpretar literalmente tudo o que lê nas escrituras. Sharza Rinpoche disse que a compreensão que você pode acumular lendo pilhas de escrituras não é como a que você recebe diretamente do mestre espiritual. Isso mostra que você não pode interpretar todas as escrituras literalmente e pensar que as entende. Isso é apenas uma distração.

Falando sério, existem dois tipos de sentidos expressos nas escrituras. Um é provisório, um significado que pretende assumir uma maior profundidade. Depois, há outros significados que são últimos e definitivos; o que está sendo dito é o que realmente se quer dizer. No sentido provisório, uma coisa é dita, mas você entende outra coisa. Por exemplo, por que Buda diria algo se não fosse para ser interpretado literalmente? Existem algumas pessoas que se tornaram discípulos de Buda, que antes não eram budistas. Ele deu a elas alguns ensinamentos que correspondiam à sua filosofia não-budista. Não foi o último pensamento, ideia, compreensão ou realização de Buda de como as coisas são. Mas se você não souber explicar bem, existem erros que podem ser cometidos com esta apresentação. É por isso que muitos tipos diferentes de tradições de comentários se desenvolveram com base nos grandes pioneiros dos sistemas Mahayana, Asanga e Nagarjuna. Os comentaristas indianos e tibetanos de seus sistemas criaram muitas maneiras diferentes de explicar os ensinamentos devido ao fato de que existem tanto ensinamentos provisórios quanto definitivos.

O mesmo vale para as escrituras Dzogchen. Existem ensinamentos nas escrituras Dzogchen que são provisórios e outros que são definitivos. Por exemplo, na maioria das escrituras Dzogchen, não há apresentação das duas verdades, verdade convencional e última ou convencional e natureza última do fenômeno. Mas em algumas escrituras Dzogchen, existem. A explicação das duas naturezas, convencional e última, corresponde à apresentação do Caminho do Meio Madhyamaka para as pessoas que estão familiarizadas com isso e que estão entrando na prática do Dzogchen. Esta é uma explicação para a capacidade de compreensão do aluno e fornece instrução incremental.

A Mente Natural é primordial, não nascida e indestrutível. Não pode ser liberada por nenhum antídoto. Nada pode destruí-la, nem nunca nasceu. É o caso de chegar ao nível mais sutil da mente. Existem níveis mais grosseiros, níveis mais sutis e o nível mental ainda mais sutil. Alcançar o nível mais sutil da mente é como passar pelos nove veículos. Você começa com uma certa visão, então progride para uma outra visão e filosofia mais refinadas, até chegar à nona, onde você alcança a mais sutil das visões, o estado mental mais sutil. Uma vez que você alcança isso, não há nada acima disso, não há nada que possa negá-lo. Não há nada que possa servir de antídoto para isso. O esforço aplicado nesses veículos sucessivos torna-se cada vez menor. Torna-se um tipo de esforço cada vez mais sutil sendo aplicado até que se torne sem esforço.

Nas práticas das seis perfeições fundamentais, tanto a filosofia quanto a conduta exigem muito esforço para serem aplicadas. No nível Dzogchen, tanto a visão ou a filosofia quanto a conduta atingiram seu nível mais sutil. Diz-se que a conduta é aquela em que não há adoção ou rejeição.

9. Dakini Thuchen

No. 9 Dakini Thuchen

A indiana Dakini Thuchen de Phamting revelou à Dakini chinesa Selwa Ödrön.

Sinal número 9: transferência de consciência para uma Deidade irada.

Significado 9: Uma vez que a existência é o brilho da pura luminosidade que excede em muito mil sóis e luas, residir na luminosidade onipresente dissipa a escuridão da ignorância. Uma vez que é primordialmente iluminado, o samsara é completamente desenraizado. Visto que suas qualidades anteriores e posteriores não são diferentes, os três tempos são de uma única natureza.

Assim ela falou.

É algo raro para nós imaginar como seriam mil sóis ou mil luas. O brilho extremo da consciência intrínseca é ainda mais luminoso do que isso. Reinos inteiros de existência e aparências estão surgindo. Tudo o que existe e tudo o que aparece surge da consciência transcendente da sabedoria, a Mente Natural. É a qualidade de iluminação da clara luz. Quando falamos sobre a luz do sol e da lua, trata-se de um tipo comum de luz. O tipo de luz de que estamos falando aqui é a luz da Mente Natural, a luz de todas as aparências. Não importa quão brilhante seja a luz do sol e da lua, ela não pode dissipar a escuridão da ignorância dentro de nós. Ao passo que esta clara luz da Mente Natural pode facilmente eliminar a escuridão da ignorância, não importa o quão escura ou densa ela tenha se tornado. É como se uma caverna estivesse na escuridão por centenas de milhares de anos, mas no momento em que você traz uma vela para dentro, você pode ver tudo instantaneamente. Nossa meditação fica assim. Não é apenas para pacificar ou acalmar nossa mente, mas tem uma qualidade de iluminação que chamamos de clara luz. É por isso que consideramos nossa meditação ou visão como uma luz clara iluminando. Por ter a natureza da clara luz, pode purificar e eliminar toda a escuridão, ignorância, ilusão e obscurecimentos.

A clara luz é onipresente. Não permeia algumas coisas ou alguns fenômenos e não outros. Ela penetra tanto o samsara quanto o nirvana. Se não usarmos essa terminologia específica, podemos dizer que ela transpassa tudo o que é positivo e tudo o que é negativo. Ela permeia toda a felicidade e todo o sofrimento. Permanecendo nesta clareza penetrante, a escuridão da ignorância é eliminada. Perceber a Mente Natural eleva e reverte completamente o samsara. Samsara é apenas uma condição temporária, enquanto o estado de Buda é eterno; sempre foi Buda. Temos duas sílabas em tibetano para a palavra Buda, que é *sang gye*. A primeira sílaba, *sang*, significa purificado. Isso significa que ele sempre foi livre de impurezas. A segunda sílaba, *gye*, significa expandido. Significa que todas as qualidades positivas, toda a sabedoria transcendente, sempre foram plenamente desenvolvidas e estão espontaneamente presentes. Quando compreendemos nossa condição primordial, que fomos iluminados para sempre, então o samsara cessa. Não pode nos prejudicar ou nos causar sofrimento. Como não há separação entre passado, presente e futuro, os três tempos são essencialmente um na Mente Natural. Samsara e suas impurezas de ignorância, ilusões e carma são como algumas roupas malcheirosas que vestimos, que podem ser retiradas; ao passo que a Mente Natural é sempre a mesma: passado, presente e futuro, pura e incontaminada.

A Mente Natural é a mesma para nós e para todos os Budas. Muitos seres no passado atingiram a Budeidade porque identificaram e reconheceram a Mente Natural em si mesmos, a praticaram e a manifestaram. O material com que tiverem de trabalhar não é diferente do que temos. É por causa disso que estes seres são conhecidos como despertos ou Budas. Se recebermos este tipo de ensinamento para entender o Estado Natural e ao reconhecer este estado, identifica-lo e praticá-lo, então também nos tornaremos iluminados. Não é que a Mente Natural dentro de nós tenha melhorado. É nossa prática que melhorou, se desenvolveu. A mente Natural é primordialmente pura e espontaneamente realizada e está intacta desde o começo. Não melhora ou piora.

Iluminação não é algo que devemos acreditar, algo distante no futuro. É algo para realizarmos como presente, somente obscurecida pelas nuvens. Algumas vezes as nuvens são mais numerosas e outras mais esparsas. Elas podem facilmente desaparecer. Um progresso neste sentido surge quando meditamos, praticamos e desenvolvemos nossa experiência. Podemos entender como isso acontece por meio de nossa própria experiência, assim que nos tornamos mais familiarizados com a prática. Este tipo de desenvolvimento na prática acontece quando meditamos por qualquer período de tempo. Ocorre um progresso. Meditação é uma questão de hábito. Em tibetano, a palavra *gom* significa familializar-se, acostumar-se, tornar usual. Nós definitivamente desenvolveremos nossa compreensão, não somente da prática formal de meditação, quando praticarmos meditação diariamente em nossa vida cotidiana. É a compreensão de que as aparências e as atividades são manifestações do Estado Natural de *Dharmakaya*. Não é algo muito difícil. Uma vez que tenha este reconhecimento do Estado Natural, poderá sempre trazê-lo a mente, lembrar-se dele quer você esteja caminhando, cozinhando ou fazendo qualquer coisa.

10. Dakini Selwa Ödrön

No. 10 Dakini Selwa Ödrön

A Dakini chinesa Selwa Ödrön mostrou à Dakini Drimé Dangden Ma de Yorpo.

Sinal número 10: a transferência da consciência para a base da clara luz, Mente Natural.

Significado 10: A Mente Natural é a natureza do grande néctar. Uma vez que desfruta de tudo dentro e fora, tudo o que aparece é néctar. Por selar tudo o que aparece, a Mente Natural é o néctar supremo. Uma vez que permeia o espaço imensurável, Dharmakaya é néctar.

Assim ela falou.

O que se entende aqui por néctar, ambrosia ou *dutsi*, é algo muito poderoso. Em tibetano, *dutsi* significa literalmente o destruidor de Mara ou do mal. Para dar um exemplo, é como algo que você poderia dar a um moribundo que o impediria de morrer. Tem esse tipo de poder. Existem diferentes tipos de Mara, significando aqui a palavra '*du*', ou o Mara que é destruído. Um significado de Mara é o Senhor da Morte, referindo-se à própria morte. A palavra '*tsi*' significa literalmente a seiva ou essência da medicina, mas não precisa necessariamente indicar isso. Pode significar qualquer coisa que tenha a função de destruir mara, ou morte. Existem muitos tipos de maras. O que está sendo dito aqui é que para alguém que reconhece ou identifica o Estado Natural dentro de si, e o pratica, não há nada que aí não esteja incluído – tudo é como néctar. Todos os fenômenos são apreciados como se fossem ambrosia. Quer os fenômenos sejam internos ou externos, eles são néctar.

O Estado Natural pode ser usado para limpar, para purificar todos os tipos de sofrimentos e experiências desagradáveis que temos. Também pode ser usado para purificar carma negativo. Pode ser usado como néctar que cura os medos e perigos que surgem no estado intermediário após a morte, quando nosso corpo antigo foi descartado e antes de nos conectarmos com um novo corpo. Esse estágio é chamado de bardo, em tibetano. Existem muitos tipos de experiências assustadoras que podem surgir no bardo e esta prática é um remédio que cura e protege desses tipos de perigos e aflições.

Também pode ser usado para a obtenção final, a obtenção da iluminação total. Isso é chamado de autoconsciência porque tem sua própria consciência que transcende a mente comum e a atividade como clara luz. Mencionamos antes que a clara luz permeia todos os fenômenos, assim como o sol quando nasce sobre uma área ilumina toda a área diretamente. Se você se concentrar nessa clara luz, ela dissipará a ignorância inconsciente. Aqui está afirmando que permeia a ignorância e as ilusões. Isso significa que ela limpa e abre o caminho. Esse néctar supremo de todos os néctares é nossa própria sabedoria transcendente, a Mente Natural. Esse é o néctar que chamamos de *Bonku, Dharmakaya*.

11. Dakini Drimé Dangden Ma

No. 11 Dakini Drimé Dangden Ma

Dakini Drimé Dangden Ma de Yorpo mostrou à Dakini Ökyi Dzutrul Tön, da família Cho.

Sinal número 11: mão direita levantando o joelho direito.

Significado 11: A Mente Natural é como o espaço; é primordialmente vazia, altruísta e onipresente. A Mente Natural é como um lótus; é livre de extremos de bem e mal, tanto por fora quanto por dentro. A Mente Natural é como uma joia preciosa; tudo o que é desejado ou necessário surge dela. A Mente Natural é como um arco-íris; é o Dharmakaya da aparência não dual e do Vazio.

Assim ela falou.

Alguns desses sinais, dependendo de como as transmissões foram realizadas, são bastante óbvios. Outros desses gestos não-verbais são mais difíceis de entender. Também é difícil, às vezes, saber exatamente como eles se pareciam. Neste caso, Dakini Drimé Dangden Ma de Yorpo passou as instruções para Dakini, Ökyi Dzutrul Tön, da família Cho. Esses nomes particulares são tibetanos e, portanto, essas Dakinis podem ser identificadas como mulheres tibetanas.

Em todos esses casos, o significado da transmissão é aquele que experimentamos na meditação da Mente Natural, na meditação Dzogchen. Existem símbolos pelos quais podemos compreender e receber alguma indicação do que podemos experimentar no Dzogchen.

Há muito que pode aparecer para nós em nossa experiência. Existe o fator da aparência, o fator do vazio e o fator da união desses dois. Às vezes nos parece que a Mente Natural é um fator de aparência e às vezes parece que é um fator de vacuidade. Às vezes temos incerteza sobre isso, não entendemos como há uma unificação completa desses dois. Aparecerá de várias e diferentes formas, como aparência ou como vacuidade, mas o fato é que eles estão em união.

A Mente Natural é como o espaço, Dharmakaya. É como o espaço no sentido de que permeia infinitamente todos os fenômenos. A Mente Natural é como um lótus. O lótus cresce da lama e transforma a lama que em algo que é belo em forma, cor e fragrância. De maneira semelhante, a Mente Natural está livre de todas as falhas, externas ou internas. A Mente Natural também é como uma joia preciosa. É realmente como um tesouro, o tesouro de objetos preciosos de um rei. Ou você pode pensar nisso como uma mina inesgotável de joias que existe no solo abaixo de você. Isso simboliza como todas as qualidades do estado iluminado, compaixão e sabedoria atemporal, derivam da Mente Natural.

A Mente Natural é como um arco-íris porque se manifesta em várias cores. O arco-íris simboliza que a Mente Natural aparecerá para você em sua prática de meditação de muitas maneiras diferentes. Às vezes aparecerá como um grande vazio, às vezes aparecerá como raios de luz. Isso indica a variedade de aparências. Essa transmissão específica nos apresenta essas diferentes qualidades ou características da Mente Natural. Se for explicado de forma extensa, todas as instruções estarão incluídas nela.

12. Dakini Ökyi Dzutrul Tön

No. 12 Dakini Ökyi Dzutrul Tön

A Dakini Ökyi Dzutrul Tön, da família Cho mostrou à Dakini Dzutrul Natsog Tön de Drusha.

Sinal número 12: seis rodas de luz.

Significado 12: A Mente Natural carece de existência inerente e está livre do extremo da permanência. Como nunca falta, está livre do extremo do niilismo. Não se apega aos seis objetos da consciência e está livre do auto-agarrar-se. Está além da cor e da direção, livre de todo apego à existência inerente.

Assim ela falou.

A natureza da mente é livre de extremos. Existem muitas maneiras pelas quais os extremos podem ser categorizados, como os oito extremos, quatro extremos ou dois extremos. Um símbolo dessa liberdade dos extremos é agitar uma lança no espaço. Quando uma longa lança é agitada, não há absolutamente nenhuma obstrução no espaço. Às vezes, esta é a explicação deste comentário simplesmente para desenvolver a compreensão, observando os extremos da existência, inexistência, permanência e impermanência.

Os estudiosos fazem comentários sobre isso, mas na verdade é impossível explicar esses extremos. Você pode dizer que o vazio é permanente, mas a permanência é apenas um rótulo que é colocado sobre ele. A Mente Natural está realmente livre do extremo da permanência; está além da permanência. Outro símbolo usado é um *phurpa* (tib.), uma estaca cravada na lama mole que pode ser movida. Simboliza como não estar fixo em uma posição. É livre de extremos. É como um elástico que pode se esticar em qualquer direção. Não é limitado. O vazio da Mente Natural é vasto. Não é nada limitado. É livre e aberto. É livre de extremos. Você pode discutir essas coisas e analisá-las em termos de liberdade dos extremos, mas a essência disso é exatamente como descrito. Não precisamos entrar nesse processo analítico. Embora a análise possa ser aplicada olhando para esses extremos, quando isso é feito, é feito com base na dualidade sujeito-objeto. É a análise do que está sendo observado e o que é o observador, o que é o sujeito e o que é o objeto. Por causa disso, não corresponde realmente ao significado, que é a não dualidade. Portanto, esse tipo de análise dualista não promove exatamente a prática de alguém.

Uma vez que a Mente Natural não se apega aos seis objetos específicos, ela está livre do apego ao conceito do eu. Quando a ignorância do auto-agarramento se desenvolve, é com base no aparecimento dos seis objetos, dos cinco objetos dos sentidos e do único objeto mental. A Mente Natural está livre de se apegar aos seis objetos. Está livre de todo apego. Esta transmissão é principalmente em relação à Mente Natural sendo livre de todos os extremos.

13. Dakini Dzutrul Natsog Tön

No. 13 Dakini Dzutrul Natsog Tön

A Dakini Dzutrul Natsog Tön de Drusha mostrou à Dakini Lung-gyen Nangwa Datön Ma.

Sinal número 13: uma união de luzes de método e sabedoria.

Significado 13: Dentro da Grande Permanência na ausência de encontro e separação, liberação e decepção, existe o Grande Niilismo espontaneamente estabelecido, ausente da apreensão do ego. Uma vez que a existência é auto-selada, é o Grande Eu. Uma vez que a existência é a verdadeira natureza aparecendo, é a Grande Apreensão da Realidade.

Assim, ela falou.

O significado desta transmissão é realmente semelhante ao anterior. Quando você olha para as palavras da instrução, parece que é exatamente o oposto do que acabou de ser dito, mas na verdade o significado é o mesmo. É para indicar que a Mente Natural está além de dizer que é de um jeito ou de outro, que é assim ou não. Portanto, usar a terminologia exatamente oposta indica que a Mente Natural está além desses tipos de designações como sendo isso ou aquilo, não isso ou não aquilo.

É dito que a Mente Natural é a Grande Permanência ou Grande Eternidade. Afirmar que é livre de encontro e separação, ou liberação e engano, significa afirmar que não é percebido como um ou como coisas coletadas e reunidas conjuntamente. Nem é visto como separado ou distinto. Por exemplo, considerando uma pessoa e seus agregados, a pessoa não é vista como um com esses agregados nem separada dos agregados.

A Mente Natural está livre de liberação e engano no sentido de que não será liberada no futuro. Sempre foi liberada. Esse tipo de ensinamento é chamado de Grande Permanência. O texto diz: "há um Grande Niilismo espontaneamente estabelecido, ausente de apego ao ego". Normalmente, diz-se que a Mente Natural está livre dos extremos de permanência ou niilismo. Nesse caso, considerando estar sempre livre de apegar-se a realidade das coisas, o niilismo é espontâneo – significando que está para sempre livre de apegar-se a realidade.

As instruções afirmam: "Uma vez que a existência é auto-selada, é o Grande Eu". A palavra eu é usada em vários contextos para significar coisas diferentes. Por um lado, falamos do eu como eu mesmo ou outros, o que é meramente imputado, apenas um rótulo que é colocado em uma pessoa que passa de uma vida para outra. É apenas um termo que designa a realidade convencional de uma pessoa que passa de uma vida para outra. Por outro lado, a palavra eu é usada para descrever aquilo que é negado nos ensinamentos: o eu que é proposto ou afirmado por filosofias não-budistas como aquele que é inerente e independentemente existente. Nesse caso, esse tipo de eu é negado nos ensinamentos. No entanto, a palavra eu também é usada de outras maneiras. Aqui, a Mente Natural está sendo chamada de "Grande Eu" porque sela toda a existência e aparências. A Mente Natural tem sua marca em todas as aparências e existência. Convencionalmente falando, quando falamos do eu, referimo-nos a ele como o dono de tudo, por exemplo, "minha mente, meu corpo, meus sentimentos" e assim por diante. Semelhante à designação do eu como sendo aquele que se encarrega de tudo que se agrega a uma pessoa, aqui a Mente Natural é designada como o Grande Eu porque permeia e deixa sua marca ou selo sobre tudo o que existe.

De um modo geral, a visão ou a filosofia na prática Dzogchen corresponde aos ensinamentos de Buda, as perfeições e assim por diante, e a explicação de Buda sobre a ausência do eu. Essa é a visão aceita no contexto do Dzogchen e também em outras tradições tibetanas.

14. Dakini Dakini Nangwa Datön Ma

No. 14 Dakini Nangwa Datön Ma

A Dakini Lung-gyen Nangwa Datön Ma mostrou à Dakini Tog-beb Ma da ascendência Menyag.

Sinal número 14: agachado como um cachorro ou leão, olhando para o nada.

Significado 14: Não rejeitando as aparências de luz, elas são reconhecidas como manifestações da Consciência Pura. Quaisquer concepções de apego que surjam são o parque de diversão da Consciência Pura. Sem pensar no que aparece, é o lugar de libertação da Consciência Pura. Primordialmente não pensar em nada é a Liberação resultante.

Assim ela falou.

.

Não há necessidade de se proteger ou se preocupar com o tipo de aparência que vem à mente. Você terá várias experiências - aparências agradáveis, aparências desagradáveis, boas e más experiências. A instrução é não se preocupar ou se preocupar demais com os tipos de aparência que vêm à nossa mente. O exemplo que é dado é de um parque de diversões. Digamos que você tenha um enorme parque de diversões, campo de futebol ou algum lugar onde vários tipos de jogos estão acontecendo. É tudo brincadeira e existe um espaço enorme onde as coisas podem acontecer. Mas, semelhante aos jogos em andamento, não é nada para se preocupar muito. Da mesma forma, a Mente Natural é aquele espaço, aquele ambiente, no qual todos os diferentes tipos de aparências, boas ou más, podem surgir, assim como aquele playground. O conselho é não ficar muito preocupado, exasperado, muito envolvido ou apegado a qualquer aparência que surja. Às vezes, quando uma pessoa se sente feliz, ela realmente se apega à experiência com muita força. Por exemplo, se você ganhasse milhões de reais na loteria, ficaria muito feliz e se sentindo muito bem. Por outro lado, se as coisas derem errado, algum infortúnio para você ou um membro da família, ou um negócio que vai mal e você se apegar muito a isso, ficará extremamente desanimado. O conselho aqui é não se preocupar tanto, nem se apegar e não atribuir realidade a quaisquer aparências que surjam. Esta é uma visão muito boa para termos em mente em nossa vida diária. Quando surgirem sentimentos diferentes, agradáveis ou desagradáveis, simplesmente perceba que tudo está dentro do parque de diversões da consciência intrínseca e da Mente Natural. Não se preocupe muito com o que aparece.

15. Dakini Tog-beb Ma

No. 15 Dakini Tog-beb Ma

A Dakini Tog-beb Ma de ascendência (tibetana) Menyag mostrou à Dakini Namkha Cham de Uddiyana.

Sinal número 15: convidando a luz proveniente da esfera da Consciência.

Significado 15: A Mente Natural está além dos objetos apreendidos. Não permanecendo nas percepções, permeia toda a existência. Como, em última análise, não há nomes, não existe um nome para a sabedoria. Como não pode ser mostrado de maneira convencional e sem produção e desintegração, é como o diamante indestrutível de Yung Drung.

Assim ela falou.

O objetivo principal já foi declarado. A Mente Natural está além de qualquer objeto de pensamento dualista. Muitos nomes são dados à Mente Natural – sabedoria transcendente, sabedoria que surge por si mesma, sabedoria que se autoconhece – mas, no final, todos esses são apenas nomes, apenas rótulos. Do ponto de vista de não ser realmente o que esses nomes indicam, está além do pensamento dualista. A fonte é inexprimível, não há nome para ela. Os rótulos não podem revelar a verdadeira natureza. Pelo aspecto de não se expandir ou diminuir, é comparado à indestrutível suástica de diamante.

16. Dakini Namkha Cham

No. 16 Dakini Namkha Cham

A Dakini Namkha Cham de Uddiyana mostrou à Dakini Shiwer Ötang Ma.

Sinal número 16: juntando cinco gotas.

Significado 16: A mente da Consciência Pura não pode ser revelada como, 'É isso.' Não há nada que possa medir ou simbolizar a Mente Yung-Drung (Indestrutível). A Mente Natural é primordialmente livre de acumulação e dispersão. Eu me curvo ao Dharmakaya em que as aparências são autoliberadas.

Assim ela falou.

Podemos ter uma ideia do significado da Mente Natural ouvindo os ensinamentos e lendo as escrituras, mas não com precisão. Não podemos realmente entender exatamente o que ela é dessa maneira. A compreensão tem que vir por meio da experiência, de nossa própria prática. Isso indica que aprender e ganhar experiência por meio da prática devem caminhar juntas. 'Não pode ser revelado como, é isso', o que significa que você pode ter uma ideia, mas não pode ser completamente explicado por que está além das palavras.

Dizer que está além das palavras não significa que está além da experiência. Isso é algo que você pode experimentar através de sua meditação e prática. É principalmente por meio de sua própria experiência você pode identificá-la ou reconhecê-la. A Mente Natural pode ser mencionada em termos de exemplos e metáforas como luz, espaço, oceano ou sol, mas essas são apenas aproximações.

Ser 'primordialmente livre de reunir e dispersar' significa que a base e as aparências são inseparáveis. Pense na Mente

Natural como sendo a base e as aparências como sendo a energia e a manifestação dessa base. Na verdade, elas nunca estão separadas. É natural que aparições sejam liberadas no *Dharmakaya, Bonku*. É o estado natural das coisas. É também como experimentamos as aparências na prática, como sendo liberadas no Dharmakaya.

17. Dakini Ötang Ma

No. 17 Dakini Ötang Ma

A Dakini Shiwer Ötang Ma mostrou à Dakini Kashmiri Gyan-den Ma.

Sinal número 17: pressionando o corpo com dez dedos.

Significado 17: como a Mente Natural de Yung-Drung se espalha por toda parte, do centro às bordas mais externas, é um espaço grandioso. Uma vez que é imutável, é um grande espaço indestrutível. Por ser livre de artifícios de aceitação e rejeição, é um espaço inimaginável e grandioso. Como nunca se esgota, não importa como você o use, é um grande espaço muito precioso.

Assim ela falou.

A metáfora do céu, o exemplo do espaço, são muito reveladores. Não ilustram apenas uma faceta ou característica da Mente Natural, mas muitas. Assim como o espaço não tem um centro ou arestas, da mesma forma a Mente Natural permeia todos os lugares e não possui centro, borda ou arestas. A Mente Natural é imutável como o espaço. Assim como não importa se está sol ou chovendo, embora, o clima mude, o espaço em que isso acontece não muda. Da mesma forma, a Mente Natural é imutável.

Todo mundo tem experiências de felicidade e tristeza, mas essas são apenas mudanças na forma como as coisas aparecem para nós. A própria Mente Natural é imutável.

Não há esforço que possa mudar o espaço. Não pode ser rejeitada, negada ou provada. Assim como o espaço está livre de esforço, a Mente Natural está livre de esforço. Assim como o espaço é inesgotável, não importa o quanto você o use, da mesma forma a Mente Natural é inesgotável. Com este único exemplo de espaço, podemos encontrar muitas características que simbolizam a Mente Natural.

18. Dakini Gyan-den Ma

No. 18 Dakini Gyan-den Ma

A Dakini Kashmiri Gyan-den Ma mostrou à Dakini Gyer Drag-Chen Tsal.

Sinal número 18: puxar diretamente com equilíbrio meditativo.

Significado 18: Como a Mente Natural, um espaço sem direção, nunca rejeitou nada, ilusões e carma, como nuvens e névoa, surgem e se dissolvem. O que quer que seja compreendido dentro da Consciência Pura nunca sai da Mente Natural. Toda a existência aparece e é liberada dentro da Mente Natural. Uma vez que positivo e negativo são indiferenciados, não há divisão na Mente Natural. Como nunca é esclarecido ou obscurecido, é dia e noite amplamente abertos.

Assim ela falou.

Tanto a sabedoria transcendente quanto as ilusões surgem da base do Estado Natural. Semelhantes às nuvens e névoas que surgem no espaço, elas surgem devido a certas causas e condições. Não falamos sobre a Mente Natural obter sabedoria transcendente ou livrar-se das ilusões. O que quer que surja da Mente Natural, seja sabedoria transcendente ou ilusão, não deixa, supera ou sai da Mente Natural. Isso significa desistir de se apegar a coisas positivas, como algo que se deseja ou precisa. E, da mesma forma, desistir de apegar-se as coisas negativas como algo de que devo me livrar ou abandonar. Esta liberação ou liberação de apego ao Estado Natural é como tornar-se criança, não se apegar às coisas ou agarrar-se às coisas com força. A discriminação derivada do apego diminui; por exemplo, não se é tão apegado a amigos ou inimigos, ao meu lado versus o lado deles.

Este é um sinal de apego sendo liberado na Mente Natural que é experimentada por praticantes que ficam absorvidos em sua prática. Quando não há diferença entre o dia e a noite, a prática continua o tempo todo. Quando não há diferença entre o dia e a noite, isso é um sinal de que a meditação profunda ocorreu.

19. Dakini Drag-chen Tsal

No. 19 Dakini Drag-chen Tsal

A Dakini Gyer Drag-chen Tsal mostrou à Dakini Namkha Nyima Öden Ma.

Sinal número 19: pressionando as palmas das mãos em cada lado da cintura.

Significado 19: Uma vez que a Mente Natural é incomensurável, ela é primordialmente sem dimensões. Como o Dharmakaya existe espontaneamente, a discriminação do bem e do mal é autoliberada. Uma vez que as falhas são destruídas desde a base, as boas qualidades são naturalmente completas. Desde que o Rei da Consciência é realizado, as ilusões já estão aniquiladas.

Assim ela falou.

A maior parte do significado aqui foi ocultado. A última linha, "Desde que o Rei da Consciência foi realizado, as ilusões já foram aniquiladas" é semelhante à quando, no meio da guerra, o rei adversário é capturado; então todo o exército adversário é colocado sob controle. Se você entende que a base e as aparências são inseparáveis, não há necessidade de temer o surgimento de ilusões ou estados mentais conflitantes. Isso pode ajudá-lo a lidar com o estresse e as preocupações que surgem em sua vida diária. Da mesma forma, com experiências assustadoras ou aparições no bardo, o estado intermediário após a morte, elas podem ser tratadas por meio desse método e qualquer coisa assustadora pode ser liberada. Sem entender essa conexão entre a base e as aparências das manifestações da Mente Natural, se você tentar aplicar outros antídotos para esses diferentes pensamentos e delírios assustadores ou perturbadores, poderá haver benefícios, mas o ponto principal não será atingido. Voltando ao exemplo da guerra, aplicar outros antídotos seria como capturar alguns dos soldados do outro exército, mas não se ganha a guerra assim. Isso mostra, principalmente, que precisamos entender que quaisquer que sejam as experiências de samsara ou nirvana que surjam, elas são manifestações da Mente Natural.

20. Dakini Namkha Nyima Öden Ma

No. 20 Dakini Namkha Nyima Öden Ma

A Dakini Namkha Nyima Öden Ma demostrou à Dakini Nyima Tong-Kyab Ma.

Sinal número 20: o sinal de um coração, como três espelhos mágicos.

Significado 20: Uma vez que o espaço é irrestrito, não o restrinja com apreensão dualista.

Se você não puder ser insensível às aparências dualistas, o sol da sabedoria se porá.

Se um pensamento não surgir como Mente Natural, você tentará escalar os caminhos e etapas, mas a sabedoria desaparecerá. Se você não fizer amizade com o demônio das emoções negativas, seu caminho de prática se tornará intransponível.

Assim ela falou.

Em geral, falar sobre esse assunto em particular exigiria uma explicação extensa. Enquanto você medita, se você se apega à ideia de que o vazio é vazio, isso não é correto. Em outras palavras, se você se apega ao conceito de que ele precisa estar vazio, essa não é a abordagem correta. O principal é desintegrar o apego. Você precisa estabelecer a mente sem percepção de sujeito ou objeto, sem objetivar objeto e sujeito. Está além de objetivar o sujeito ou o objeto.

Não existe um processo de pensamento que envolva o aperfeiçoamento gradual da mente comum. Por exemplo, discutimos *samadhi* e como ele é usado como um fator mental para melhorar a meditação. Este tipo de procedimento não está envolvido aqui. Se você aplicar esse tipo de método para tentar melhorar a mente comum, isso fará com que a sabedoria primordial diminua ou desapareça.

Conforme você medita, haverá formas que surgem em sua visão ou sons que ressoam em sua audição, mas ao não prestar atenção a eles, você se acomoda em sua Mente Natural. Não é uma questão de aumentar sua concentração ou precisar de mais intensidade em sua meditação. É mais uma questão de sua consciência estar relaxada no Estado Natural. Quando surgem sentimentos ou experiências desagradáveis, é uma questão de deixa-los e relaxar na meditação. Quando você deixa de se apegar às aparências e ilusões, então você abre mão dessa visão de vazio. Isso é propício para abordar o aspecto do vazio. Você também pode se contentar com o fator das aparências. Essas aparições são o fator de expressão que surge naturalmente. Quando essas aparências podem surgir no vazio, essa é a prática. Quando esses sons ou visões surgirem na meditação, não os siga ou tente pará-los. Quaisquer que sejam as coisas boas ou ruins que apareçam, você precisa ser capaz de liberá-las todas. Um exemplo é o pátio ou playground onde toda a prática acontece. Quando você abandona as boas ou más aparências, esta é a prática. É assim que a meditação evolui.

Quando você fica completamente absorto nela, ela continua, independentemente de ser dia ou noite.

21. Dakini Nyima Tong-Kyab Ma

No. 21 Dakini Nyima Tong-Kyab Ma

A Dakini Nyima Tong-Kyab Ma mostrou à Dakini Maha Sukasiddhi.

Sinal número 21: sinal da própria radiância da Consciência Pura; pressionando o corpo.

Significado 21: se você não mantiver o significado com confiança, a filha do esforço enlouquecerá. Se você não aceitar a proteção do guardião da visão, o querido filho, sua própria mente, será destruída como um inimigo. Se você não colocar a sentinela da meditação, ser conhecido como um grande iogue não fará sentido. Se você não domar o elefante selvagem da conduta, sua visão se tornará a de uma pessoa comum.

Assim ela falou.

Há muitos exemplos dados aqui para o sentido. Isso significa principalmente que precisamos desenvolver confiança em relação ao nosso ponto de vista, nossa meditação e nossa conduta. Queremos que nossa visão seja sem objeto. Se não meditarmos no estado sem objeto, não seremos capazes de controlar nossa mente. Como a mente comum está constantemente envolvida em vários objetos e está constantemente mudando como o clima, ela não é estável. Não podemos confiar demais na mente comum porque ela está em constante mudança. Não se consegue fazer com que a mente assine na linha pontilhada. Por exemplo, quando assinamos um contrato com alguém estamos dizendo que esta é nossa promessa. Não se pode obter nada disso da mente comum. Portanto, precisamos meditar sem objetos.

A Mente Natural é imutável e não é afetada por causas e condições.

89

Em termos de meditação, podemos ficar livres de divagar, livres da distração. Como o ditado: "Medite, medite, não medite". O significado da meditação é não se distrair. Se você não puder prosseguir sem distração, sua meditação não se desenvolverá ou progredirá.

A conduta é liberada no grande espaço do vazio. Falamos da conduta neste caminho espiritual como sendo livre de adotar ou abandonar, livre de manter ou rejeitar. Não se apegar a conduta, por exemplo, é semelhante a não se importar muito se você está vestindo roupas muito extravagantes ou vestindo algo desgrenhado. Ou, por exemplo, de não se importar muito se está usando dreadlocks ou ter o cabelo raspado. Não se importar com esse tipo de coisa, não acrescentar nenhum conceito sobre isso, é semelhante a essa ideia de conduta. Se você é muito apegado à sua conduta, dizendo que preciso usar certas roupas ou certa cor e fazer certas coisas, então sua conduta se torna igual à de uma pessoa comum. Se você não domar o elefante selvagem da conduta, sua conduta será exatamente como a de uma pessoa comum. Quando um elefante age de forma selvagem e pula na água e toda a água estravaza, ou corre para arbustos ou árvores ou para dentro de uma casa e a derruba, o elefante selvagem destrói tudo o que encontra. Esta é uma breve explicação da visão, meditação e ação do caminho espiritual.

22. Dakini Maha Sukasiddhi

No. 22 Dakini Maha Sukasiddhi

A Dakini Maha Sukasiddhi mostrou à Dakini Bon-chig, da família Cho.

Sinal número 22: o sinal de significado claro, mãos dadas.

Significado 22: Como a Mente Natural não tem passado nem futuro, ela está conectada a todos os Budas dos três tempos. Como a Mente Natural inclui compaixão incomensurável, ela está conectada a todos os seres sencientes. Percebendo que é o lugar de onde tudo que surge, permanece e se dissolve, ela está conectada com todos os caminhos e resultados. Como o vazio e as aparências são liberados na Consciência Pura, o fruto é obtido sem esforço.

Assim ela falou.

Não há como dividir a Mente Natural no tempo. Em termos pessoais, podemos falar de uma linha do tempo. Por exemplo, há um momento específico em que uma pessoa atinge a iluminação. Na Mente Natural, os Budas passados, presentes e futuros estão todos misturados porque qualquer momento é um, uma singularidade.

A compaixão incomensurável está contida na Mente Natural, portanto está conectada a todos os seres sencientes dos três reinos. A compaixão é uma manifestação natural ou energia da Mente Natural. É a compaixão incomensurável, um dos Quatro Incomensuráveis, que permeia todos os seres vivos. É por isso que a oração mais poderosa para fazermos é a aspiração de que todos os seres vivos permaneçam na Mente Natural. O ponto final de liberação na Mente Natural torna o caminho e o resultado unos. É como se não houvesse algum outro resultado a ser obtido.

23. Dakini Bon-chig

No. 23 Dakini Bon-chig

A Dakini Bon-chig da família Cho mostrou.

Sinal número 23: coletando a essência da vida dos Gurus.

Significado 23: Como não nasce de causas e condições, não há base para uma produção original. Uma vez que reside no grande desconhecido, no meio, não há lugar para permanecer. Como o Dharmakaya é imutável, não há como terminar. Uma vez que a existência é liberada na esfera última da Consciência Pura, não há três Corpos resultantes que foram procurados para serem alcançados.

Assim ela falou.

A maior parte deste sentido já foi explicada. A primeira parte afirma que a Mente Natural não é gerada por causas ou causas secundárias. É primordialmente livre de qualquer base de nascimento. Quanto há onde ela habita, não há muito que se possa dizer, exceto que ela habita em si mesma. Esse é um assunto que provavelmente causará debate ou problema. A pergunta seria algo como "Onde fica o céu?" "O céu fica no céu?"

É imutável, inalterável, e não há como dizer para onde vai finalmente. Não é produzida, não permanece em lugar nenhum e, finalmente, não vai a lugar nenhum. Normalmente, em termos de percursos ou veículos diferentes, um resultado é algo a que se aspira ou que se deseja alcançar no futuro.

Aqui, porque todas as aparências e fenômenos já foram liberados na Mente Natural, é apenas uma questão de lembrar-se. Isto fala sobre a fonte de produção, permanecendo e dissolvendo.

24. Dakini Bon-chig

No. 24 Dakini Bon-chig

Sinal número 24: a Transferência da Mente AH Branca.

Significado 24: Na Sabedoria Auto-Originada não há dependência de caminhos e estágios a serem alcançados. Como não depende de causa e efeito, é uma radiância que permeia o espaço. Não é interrompida por condições, nem destruída por antídotos. Uma vez que a Consciência Pura é auto-liberada, o resultado é livre de produção e destruição.

Assim ela falou.

Quando o corpo da sabedoria primordial auto-surgida se manifesta, a confiança no caminho gradual é totalmente exaurida. Esse tipo de afirmação, frequentemente encontrada nas escrituras Dzogchen, afirma que sem praticar o caminho gradual, o resultado é obtido rapidamente.

O que isso quer dizer é que não existe um caminho gradual ou estágios graduais. É a prática de manter a meditação, uma meditação constante, onde toda a existência e aparência são imediatamente liberadas na Mente Natural. Dessa forma, a Mente Natural é autoliberada. Não há mudança na base, não há mudança no resultado; ambos são imutáveis. Em outros veículos, a base e o resultado são diferentes; aqui, a base e o resultado são os mesmos.

25. Dakini Bon-chig

No. 25 Dakini Bon-chig

Sinal número 25 é Guru Yoga na coroa.

Significado 25: Esta Consciência da Sabedoria auto-criada nunca foi produzida ou destruída por causas e condições. Não há listagem de caminhos, etapas e resultados. Está livre de ser um objeto dos dezessete conceitos.

Assim ela falou.

Não há caminhos e etapas como em outras práticas.

Por exemplo, na apresentação do sutra, existem cinco caminhos ou dez estágios, cada um com seu resultado particular. Quando você obtém o resultado de um caminho, passa para o próximo caminho superior e obtém o resultado disso. Aqui o resultado é um e não há resultado progressivamente maior. Portanto, não há etapas do caminho. Há uma menção de dezessete visões, significando dezessete conceitos. Há, de fato, uma categorização em dezessete, mas, em geral, os pensamentos são inumeráveis. Temos mais de cinquenta mil pensamentos ao longo de um único dia. Não importa quantos sejam, eles são facilmente liberados na Mente Natural. Se o incomoda pensar que existem cinquenta mil pensamentos, você pode pensar que existem alguns pensamentos. Não se perturbe. Você não precisa se preocupar muito com isso!

26. Dakini Bon-chig

No. 26 Dakini Bon-chig

Sinal número 26 é: seis rodas giratórias autolimpantes.

Sentido 26: Uma vez que um raio de Consciência surge do Vazio, as causas da obtenção são autoliberadas. Uma vez que surge um raio de Consciência Transcendente de Causa e Efeito, os caminhos sequenciais (yana-veículos) são autoliberados. Uma vez que surge um raio de Consciência Transcendendo o Defeito, o apego é autoliberado. Uma vez que surge um raio de Consciência do Vazio e das Aparências, um produtor é autoliberado.

Assim ela falou.

Essa meditação é chamada de caminho liberado, o caminho da libertação. Nos outros veículos, o procedimento apresentado é que existe um caminho de abandono dos delírios, seguido por um caminho de liberação. Existe uma ilusão ou ignorância particular que é abandonada pelo caminho meditativo, que então segue pelo caminho da liberação - o de ter sido liberado. Aqui, porém, não há percepção de falhas que precisam ser abandonadas. Elas não são consideradas negativas. Elas são simplesmente liberadas ou desvinculadas. O que quer que aconteça no decorrer de nosso dia, seja agradável ou desagradável, felicidade ou tristeza, esse é o ambiente completo para nossa prática. Reconheça que os pensamentos surgem e os libere.

A capacidade de liberar após o reconhecimento é semelhante a encontrar um amigo que você não vê há muitos anos e instantaneamente você o reconhece. Isso é semelhante à liberação instantânea de aparências e pensamentos. Essa liberação após o reconhecimento, acontecendo de forma automática e muito natural, é semelhante a uma cobra desatando seus próprios nós. Esta liberação de pensamentos positivos ou negativos, sentimentos agradáveis e desagradáveis — liberados após reconhecidos — é como o ladrão entrando em uma casa vazia e percebendo que não há nada ali para roubar.

A Consciência Intrínseca pode nos atingir como um raio, e trazer as pessoas uma compreensão repentina da Mente Natural. Nos tempos antigos há um relato de duas pessoas que receberam os ensinamentos: uma sempre agiu com honra e praticou o Dharma, mas nunca recebeu os ensinamentos Dzogchen; a outra não era uma praticante e havia feito muitas coisas ruins, que criaram carma negativo. Ambas receberam os ensinamentos Dzogchen ao mesmo tempo. Diz-se que não há certeza de que aquela que anteriormente havia praticado perceberia e entenderia mais rápido do que aquela que nunca praticou. Às vezes, é apenas percebido, como um raio.

Diferentes filosofias que são estudadas nos dez diversos sistemas são todas liberadas instantaneamente. Não há apego a que algo seja bom ou ruim; tudo que é agarrado é instantaneamente liberado. Uma vez que todos os fenômenos e vazios surgem na Mente Natural de repente, como um raio, o criador se auto-libera em sua própria natureza.

Ao compreender que a base da vacuidade é una com os fenômenos ou aparências que dela surgem, ambos são liberados.

27. Dakini Bon-chig

No. 27 Dakini Bon-chig

Aquele que manifesta essas criações ou aparições é liberado na Mente Natural.

Sinal número 27 indica a Mente Natural com um espelho iluminado.

Significado 27: A Mente Natural não nasceu, além do caminho das palavras, sejam simples ou elaboradas; e além das quatro convencionalidades dualísticas: existir, ver, aparecer ou ser a realidade convencionalmente aceita; esta é a perspectiva do Dzogchen.

Assim ela falou.

A Mente Natural está além do nascimento e da morte. É não nascida e imortal. Também está além de adornar ou simplificar. Quer a Mente Natural seja explicada muito extensivamente ou muito brevemente, de qualquer forma, ela não pode realmente ser descrita. No entanto, o que é experimentado na meditação pode ser parcialmente descrito até certo ponto. Se não fosse possível, seria impossível introduzir o assunto ou ensiná-lo a alguém. Descrevê-lo e explicá-lo é apenas usar símbolos e articular sons para induzir algum nível de compreensão em uma pessoa. Tal é o caso da palavra *Dzogchen*. Temos essas duas sílabas, *Dzog* e *chen*. A primeira dessas sílabas, *Dzog*, significa aperfeiçoado ou completo. Significa que toda a existência e aparências estão completamente incluídas ou completamente aperfeiçoadas na Mente Natural. Outro exemplo de um aspecto de completude é que todos os elementos estão incluídos no espaço. Da mesma forma, as capacidades dos quatro elementos também estão incluídas na Mente Natural. O exemplo dos elementos é algo que nos é mais aparente, mais fácil de entendermos, pois todos os elementos estão incluídos no espaço. A Mente Natural não é tão óbvia ou fácil para a mente perceber, mas os elementos podem nos ajudar a entender. Como a Mente Natural é vazia, ela abrange todas as aparências, assim como o espaço abrange todos os elementos. Por ser a fonte tanto do Samsara quanto do Nirvana, é comparado ao solo, de onde crescem todas as diferentes flores e florestas. Porque a Mente Natural tem a capacidade de liberar toda a negatividade, falhas, carma e assim por diante, é como a propriedade da água de lavar a sujeira. Como a Mente Natural tem a capacidade de destruir o apego, ela tem a capacidade do vento de levar as coisas embora. É como o fogo, capaz de queimar todo o apego à identidade das coisas.

As qualidades das Seis Perfeições estão incluídas no significado da primeira sílaba, *Dzog*. Tudo isso está completo dentro da Mente Natural. Por exemplo, a perfeição da generosidade é caracterizada como falta de apego, falta de agarrar-se. Visto que na base da Mente Natural não há apego, a perfeição da doação é nela completa.

Porque está além de qualquer esforço moral de abandono de falhas ou contaminação, a perfeição da disciplina ética também se completa na Mente Natural. Diz-se que é uma moralidade primordial da disciplina ética que é e tem sido mantida sem começo nem fim. Chama-se a disciplina ética que não precisa ser guardada. Está livre de apegar-se a qualquer coisa para ser abandonada ou adotada. Diz-se que é a guarda da moralidade que não é guarda. Desse ponto de vista, de estar livre de esforço perseverante, não é nem muito relaxado nem muito apertado.

Ao falar sobre a perfeição da paciência, não há nada a ser temido na Mente Natural. Paciência ou indulgência tem, como um de seus significados mais importantes, a paciência para realizar e compreender a Mente Natural. Em alguns dos veículos inferiores, quando eles olham para o procedimento ou o modo de descrição do *Dzogchen*, alguns dizem que não está certo, que há algo errado nisso, que é preciso meditar em uma divindade ou mantra. Aqui, no caminho do *Dzogchen*, não é dito que você não pode meditar em divindades ou recitar mantras, mas afirma-se que não é absolutamente necessário. Os praticantes dos veículos inferiores dizem "não, isso não está certo. Não se consegue manter a paciência." Um tipo de paciência ao ouvir as afirmações do *Dzogchen* seria dizer: "Ok, talvez eu não saiba tudo. Talvez possa haver alguma precisão nisso. Se você puder meditar com paciência e se comportar de acordo com a conduta do *Dzogchen*, poderá obter grandes benefícios. Se você não tem medo dele, se você não o critica, isso é um sinal de paciência. No que diz respeito à paciência incluída na Mente Natural do *Dzogchen*, não há nada a temer na Mente Natural. Não há lugar para ansiedade ou mentalidade estreita na Mente Natural. Desse ponto de vista, a paciência é completa dentro dele.

Ao manter sua meditação *Dzogchen*, se você não ficar sob o poder dos pensamentos, então a perseverança é completa. A perfeição da concentração é completa dentro dele; a Mente Natural é sustentada continuamente. Não há fixação da mente dentro dela, nem há desapego. A mente natural tem sua própria sustentabilidade. Não há intenção de aplicá-la ou abandoná-la. Ela se sustenta.

Finalmente, a perfeição da sabedoria é completa na Mente Natural na medida em que ela conhece a si mesma e é a ausência da dualidade sujeito-objeto. Assim, as qualidades incluídas ou completas no *Dzogchen* são infinitas. À medida que você mantém o aspecto de vacuidade e o aspecto de aparência da Mente Natural, todas essas qualidades infinitas são nela incluídas.

A segunda parte da palavra *Dzogchen, chen*, significa grande. Significa que não há prática superior a ela. Há muitas maneiras em que essa prática é a maior. É ótimo porque é o caminho mais rápido para a realização. É ótimo porque não é compreensível pelos veículos que estão abaixo dela. É ótimo do ponto de vista de ser tão extremamente profunda.

28. Dakini Bon-chig

No. 28 Dakini Bon-chig

Sinal número 28 é oferecer o corpo em um banquete (tsog-ganachakra).

Significado 28: A Mente Natural Autoliberada é a essência do significado do Vazio. Visões que afirmam singularidade (partidarismo) ou multiplicidade são uma armadilha. Além de toda esperança e medo, além de esforço, a Mente Natural é um vasto receptáculo de grande bem-aventurança.

Assim ela falou.

Este é o corpo oferecido como um banquete ou tsog-ganachakra. Em geral, o corpo é vazio, é uma forma vazia. Se você conhece como o corpo é liberado na Mente Natural, então é isso que significa o corpo de forma vazia. Como o corpo é uma forma vazia, qualquer coisa pode ser feita com ele. O que a Dakini está fazendo aqui, oferecendo seu corpo como um banquete, é semelhante à prática de corte chamada *Chöd*, onde o corpo é oferecido. Com a compreensão de que o corpo está vazio, não há apego a ele. Chega-se ao ponto de abandonar expectativas e medos. O vazio é como um vaso infinito dentro do qual tudo pode ser colocado; não limitado pelo apego a esperanças e medos, não limitado pelo pensamento esforçado ou pela perseverança da mente comum.

Quando falamos sobre o céu estar vazio, isso é uma compreensão grosseira do vazio. Um ser que pensa que todos os fenômenos são como o espaço nasce em um dos quatro níveis do reino sem forma porque se apega a essa ideia. Ou pode ficar preso no reino sem forma do samsara porque pensam que tudo está vazio e sua meditação é como o espaço. Mas essa é uma percepção limitada pela ignorância; é um apego à concepção de que as coisas são como o espaço. Porque eles mantiveram um foco nos fenômenos ligados ao espaço, o espaço torna-se cada vez mais concreto para eles. Torna-se mais fixo em suas mentes.

Da mesma forma, existem quatro níveis sucessivamente mais sutis do reino sem forma: espaço infinito, consciência infinita, absolutamente nada e nem existência nem inexistência. Cada um deles se torna cada vez mais sutil, mas em cada um deles pode-se ser aprisionado pelo apego. Há um apego às coisas que são qualidades da Mente Natural, a incapacidade de abandoná-las.

Quando descansamos nossa mente em um estado não artificial e não criado, precisamos ir além e transcender todos esses conceitos. Manter visões tendenciosas e traçar paralelos é um erro. Isso é o que se quer dizer aqui. Se nos apegarmos a uma dessas qualidades dessa maneira, se a concretizarmos e reificarmos, isso será um erro. É um erro. É por isso que é importante entendermos algumas das sutilezas da meditação. Existem muitos tipos diferentes de meditação e muitos níveis diferentes de meditação. Precisamos entender essas distinções e não inventar uma unificação. Precisamos ser capazes de transcender todos esses tipos de ideias semelhantes.

'A Mente Natural é um vasto vaso de grande bem-aventurança' refere-se à Mente Natural ser um vasto vaso que contém tudo. O fato de os seres vivos experimentarem a felicidade é um sinal da presença da Mente Natural. A habilidade de nossos olhos de perceber formas, a habilidade de nossa mente de reconhecer coisas, a habilidade de empreender e realizar vastas atividades com nossa mente, são todos sinais da Mente Natural dentro de nós. Que todas as aparências estejam incluídas na Mente

Natural não é apenas uma descrição verbal. É um fato real de nossas vidas, desde o nascimento até a morte.

Por exemplo, uma pessoa pode ser irmão de alguém, também pode ser tia ou tio de alguém e também sobrinha ou sobrinho de alguém. Da mesma forma, a Mente Natural pode ser a vacuidade, pode ser as aparências, a compaixão. Pode ser um fator de todas as diferentes perfeições, sem mencionar as sessenta diferentes permutações das perfeições. Semelhante ao exemplo da pessoa que pode ser várias coisas diferentes em relação a pessoas diferentes, a Mente Natural pode ser todas essas coisas. Inclui tudo isso. E não é apenas que diferentes rótulos são colocados nela, mas é que todas essas qualidades estão realmente presentes espontaneamente dentro dela. Só porque alguém é a esposa de alguém, não significa que ela não seja sobrinha de alguém. Da mesma forma, alguém pode ser pai e também filho. Tudo está acontecendo simultaneamente.

29. Dakini Bon-chig

No. 29 Dakini Bon-chig

Sinal número 29 é o mudra do leão liberado.

Significado 29: Porque a Consciência é completamente pura, nem mesmo o nome, samsara, existe. Sem abandonar os cinco agregados, a iluminação é primordialmente alcançada. Todos os ornamentos que iluminam a Mente Natural estão completos. A equanimidade de Samantabhadra não cai no partidarismo.

Assim ela falou.

Podemos dizer que porque a sabedoria transcendente é primordial, nunca houve samsara, nem mesmo o nome samsara. Como surge o samsara? Surge através da ignorância e do apego ao eu. Samsara e nirvana não podem estar além da Mente Natural; eles estão dentro dela. O processo de como o samsara ocorre é semelhante ao que acontece quando um ser do bardo nasce em outro corpo. Em primeiro lugar, na hora da morte, o corpo é descartado e a Mente Natural se manifesta. Porque as manifestações da Mente Natural nunca cessam, quando há luz que aparece e brilha, a mente percebe a luz como se viesse de fora, de algum outro lugar. Então, através da apreensão, concebe-se o interior e o exterior, o sujeito e o objeto. Quando a consciência visual percebe um objeto, existem dois lados que foram estabelecidos. O continuum disso fica cada vez mais grosseiro. Um pensamento apóia o próximo. É como a água se solidificando em gelo no inverno. Os conceitos ficam cada vez mais grosseiros. Em relação ao bardo, há referência a sons, luzes e raios. As primeiras aparências sutis que surgem facilmente tornam-se mais grosseiras, manifestando-se em formas mais grosseiras. Eles começam como luzes de cores diferentes

- vermelho, amarelo, verde, azul e branco - e, à medida que se tornam mais grosseiras, evoluem para fenômenos mais grosseiros. Os elementos fogo, terra, ar, água e espaço surgem disso. Isso evolui para o mundo que as pessoas experimentam. Isso é o que chamamos de samsara. Samsara não existe desde o início, mas surge por meio dessa percepção errônea, dessa concepção errônea.

Sem abandonar os cinco agregados, o estado de Buda primordial é realizado. Não há necessidade de se livrar dos agregados. Um ponto de esclarecimento sobre a experiência das luzes provenientes do Estado Natural no bardo: percebê-las como vindas de fora é o início da conceitualidade. É o início da divisão na dualidade sujeito e objeto que evolui para o samsara. O fato é que essas luzes não vêm de fora. Esse é o erro que é cometido. Perceba isso. Essas aparições vêm da Mente Natural. É quando você não percebe que essas aparências são manifestações da Mente Natural, que os problemas começam.

A Mente Natural abrange tudo igualmente sem que o samsara seja ruim e o nirvana seja bom, e assim por diante. Sem cair na parcialidade, não cai nos extremos do samsara ou do nirvana e não importa quão ruins as coisas sejam ou quão boas sejam, elas não afetam ou prejudicam a Mente Natural.

30. Dakini Bon-chig

No. 30 Dakini Bon-chig

Sinal número 30 é o sinal de estar protegido pela ordem do Senhor.

Significado 30: Aqueles que não permanecem nisso, que não têm fortuna para isso, são como alguém que quer iogurte tentando ordenhar um chifre, ou um cachorro tentando lamber o espaço. Este é um lugar de raksha-canibais onde o brilho dos elementos desapareceu. Ao misturar néctar com veneno, você abrevia a vida dos seres vivos. Ao misturar visão, meditação, conduta e fruição, você entra em um poço de escuridão. A degeneração do samaya fará o sangue do coração escorrer de sua boca.

Assim ela falou.

Essa é uma instrução muito profunda. Se você receber essas instruções, realmente não precisará de outras. O que está sendo dito particularmente é quando alguém recebe esses ensinamentos e não os respeita. Discutimos a visão, meditação, conduta e resultados. Devemos manter respeito e reverência por eles. Esta visão é sem objeto; é livre de objetos. Se alguém disser que não ter nenhum objeto para a sua meditação é um erro, está errado e então resultará este tipo de problema. Aqui o ensinamento é que a meditação não deve ser distraída. Se você discordar e disser que isso não é correto, meditação não é não-distração, um problema surgirá. Esta escritura é apresentada no sentido de ser a palavra final. É a instrução final. Não há nada além disso. Dentro da estrutura dos nove veículos, este é o nono e mais alto veículo. Não há nada que esteja além dela, nada que a ultrapasse. Você pode explicá-la de diferentes maneiras, mas não há nada que vá além dela.

Perguntas e Respostas

Pergunta: Quando uma Dakini sabe que é uma Dakini? Como esse processo acontece?

Resposta: Em primeiro lugar, em termos de ensinamentos Dzogchen, podemos falar sobre seres que são comuns e seres que são extraordinários. Diríamos que a pessoa comum que foi apresentada à Mente Natural não é mais comum. Agora elas são extraordinárias, são especiais. Uma vez que são introduzidos à Mente Natural, elas são especiais ou exaltadas acima de um estado comum. Grosseiramente falando, a partir desse ponto podemos falar em três etapas diferentes da experiência meditativa.

A primeira etapa é sentar-se em sessões de meditação. Os praticantes sentam-se em sua almofada de meditação e reconhecem a Mente Natural, mas não de outra forma.

Na segunda etapa, nunca há separação entre meditação e não meditação. Tudo se torna meditação. A meditação automática ou que surge naturalmente é a segunda etapa. Não há mais perda de consciência entre as sessões de meditação.

A terceira etapa é um estado altamente realizado no qual a pessoa realmente percebe que todos os fenômenos são manifestações da consciência transcendente ou da Mente Natural. Diz-se que neste ponto você se torna uma Dakini.

Acho que ao atingir o segundo nível, onde não há muita diferença entre meditação e não meditação, você pode dizer que é uma Dakini nesse ponto. É difícil dar uma resposta a isso. Esta é uma boa pergunta.

Pergunta: O corpo do arco-íris ocorre espontaneamente quando você percebe que todos os fenômenos surgem do estado natural?

Resposta: Isso não significa necessariamente que você alcance um corpo de arco-íris. Mas, geralmente, alcançar a percepção de que todos os fenômenos são uma manifestação da energia criada pela Mente Natural seria o ponto de ser capaz de atingir o corpo do arco-íris e o ápice da realização.

Pergunta: Existem sinais quando um praticante está chegando perto de alcançar o corpo do arco-íris? Existem coisas que apareceriam em sua vida?

Resposta: Se você está falando sobre estar perto de atingir o corpo do arco-íris, isso se refere a alguém que se aproxima da morte. Dizer que tipos de sinais surgiriam seria difícil. Alguns praticantes, à medida que se aproximam da realização, tornam-se cada vez mais infantis porque estão deixando de se apegar a tantas coisas. Isso pode ser considerado um sinal de que alguém está se aproximando da iluminação total.

Pergunta: Às vezes, envelhecer e ficar mais infantil não é visto como uma coisa positiva.

Resposta: Pode ser um fator de envelhecimento, especialmente se for algo que está acontecendo e que não foi praticado. Se acontecer como resultado de realizações que ocorrem devido à prática, então é um sinal de tal realização.

Pergunta: Quando você está nesse estado natural, como isso se relaciona com a palavra sânscrita *samadhi*?

Resposta: A palavra *samadhi*, em tibetano *ting-nge-dzin*, pode ser aplicada a uma ampla gama de meditações. Em relação a qualquer tipo de meditação na qual você se absorva, a Mente Natural pode ser considerada uma espécie de samadhi. Na meditação da Mente Natural, estamos realmente além do samadhi. A apresentação geral de *samadhi* dos ensinamentos de lógica e dialética é um tipo de mente mais comum. Refere-se a uma consciência que está focando diretamente em algo. Normalmente, *samadhi* é usado para descrever uma mente focada unicamente em um objeto; não se afastando dele ou indo a qualquer outro lugar, mas permanecendo ou descansando de forma unifocada em um objeto. A apresentação da meditação de permanência calma, meditação de quiescência mental, cria uma sensação de bênção ou experiência especial. A mente é capaz de permanecer concentrada em um objeto através da força do *samadhi*, através da força da absorção meditativa. Esse *samadhi* em particular é identificado como sendo um fator mental, apenas um fator ou parte da mente. É algo que ajuda ou permite que a mente permaneça concentrada em seu objeto. Como tal, é um fator mental. Ao desenvolver e melhorar a prática do *samadhi*, a mente principal pode melhorar e, em algum ponto, focar e realizar seu objetivo. Então você pode ter uma experiência meditativa. Como resultado, uma flexibilidade do corpo e da mente pode ser alcançada.

Pergunta: A segunda fase da prática de meditação que você descreve, depois que alguém já começou a reconhecer sua Mente Natural e ela se torna mais contínua ou natural também no estado pós-meditação, seria considerada algo como um *Dzogchen* ou *Mahamudra samadhi*? Se não, como você descreveria isso?

Answer: A palavra *samadhi* não seria usada nesse contexto. É apenas uma questão de saber se você é capaz de descansar na Mente Natural. Uma vez que você abriu a porta para a Mente Natural, é como se este espaço se abrisse, ou como se uma luz tivesse sido acesa. Você descansa nisso e pode ser apenas por curtos períodos no início. Então, quando puder permanecer nessa consciência o tempo todo, você estará no segundo estágio. Quanto a esta palestra, os termos para mente comum e fatores mentais como samadhi não estão misturados. Um bom exemplo é o céu sem nuvens.

Pergunta: Basicamente, você está dizendo que enquanto você medita, tudo o que você experimenta como um elemento, emoção ou pensamento, nós permitimos que esteja lá, e ao permitirmos que esteja lá, ele se dissolve na Mente Natural?

Resposta: Sim, correto.

Pergunta: Você tem alguma sugestão do que fazer quando durante a meditação, ficamos com sono ou nosso foco começa a diminuir e não conseguimos descansar naturalmente?

Resposta: Às vezes a mente pode ficar agitada e é difícil para nós descansar no estado natural. Existem condutas que podem ser empregadas para essa situação. Pode ser bom ir para outro lugar um pouco mais escuro, não muito claro ou iluminado, ou talvez para um local um pouco mais frio. Se a mente estiver muito excitada, você pode tirar a roupa, ligar o ar-condicionado e talvez comer uma refeição ligeiramente maior. Por outro lado, se a mente está ficando embotada ou sonolenta, o conselho é o contrário. Você pode ir para um lugar alto e bem iluminado, por exemplo, o andar superior da casa que tem mais luz.

Às vezes, olhar para o céu pode ajudar, olhe para o espaço. Se for um problema de muita excitação ou agitação na mente, pode ser útil lançar o olhar para baixo. Se você está batendo em uma parede durante sua meditação, não deve empurrá-la. Às vezes, é recomendável fazer uma pequena pausa. Se você está tendo dificuldade e se esforça demais, isso pode criar uma atitude desencorajadora sobre a meditação, deixando-o triste e diminuindo sua vontade de meditar.

Pergunta: Qual é a perspectiva do Dzogchen quando você tem um sonho e então ele se torna realidade em sua vida?

Resposta: A explicação do ponto de vista do Dzogchen seria que todas as qualidades realizadas estão espontaneamente presentes na Mente Natural, que inclui o conhecimento do futuro e a clarividência. É natural que esses tipos de qualidades possam surgir, como o conhecimento de um evento futuro.

Ontem à noite tive um sonho. Eu estava correndo para o ponto de ônibus com um amigo e tinha a passagem, mas não sabia que horas eram. Quando chegamos ao ônibus, eu estava carregando minha mala e meu amigo não estava ajudando. Aí percebi que meu amigo é muito bom e isto não podia estar ocorrendo. Então percebi que devia estar sonhando. E passei a praticar ioga dos sonhos.

Pergunta: Eu tenho uma pergunta sobre um tipo de sonho recorrente que tenho. Relaciona-se com as ondas que são descritas nos estados sem forma. Não raro, tenho sonhos com o espaço movendo-se por si mesmo, quase como campos de luz ondulantes. Parece uma espécie de energia. Eu conheci o *Karmapa* há alguns anos, e muitas vezes quando tenho esses sonhos eu o vejo. Às vezes há aspectos no sonho e às vezes há uma espécie de estado sem forma. Eu também frequentemente caio nesses estados sem forma enquanto estou na consciência normal. Pensando nisso agora, posso entrar parcialmente nisso. Vejo como isso pode ser o que você descreveu como reificação. Qual é o antídoto para a reificação?

Resposta: Como diz o ditado: "Medite, medite, não medite". A não meditação é a meditação suprema. Quando há uma experiência de espaço vasto ou infinito ou consciência como essa, e surge o pensamento: "Oh, isso é espaço ou isso é consciência", então uma dualidade sujeito-objeto foi estabelecida. A pessoa diz: "Ah, é isso." Há um observador dela e há um objeto observado. Quando você tem equilíbrio meditativo, *Dzogchen* da Mente Natural, essa dualidade não está presente. É apenas uma experiência. Não há separação entre o objeto observado e o observador. É apenas uma singularidade do nascer do sol. Sempre que a dualidade emerge da rotulagem de um objeto por um sujeito, então isso não é meditação *Dzogchen* da Mente Natural. A palavra tibetana para lembrar também significa atenção plena. A atenção plena tem lugar na meditação. É uma espécie de verificação, às vezes, para ver se você está no caminho certo ou não. Às vezes, a atenção plena pode estar presente. Por exemplo, se você perder o fio da sua meditação *Dzogchen*, essa presença pode lembrá-lo e trazer de volta a esse equilíbrio. Esse tipo de atenção plena tem um lugar. É uma função útil.

Pergunta: Quando estamos trabalhando com a Mente Natural, estamos trabalhando para reconhecer e também para deixar ir. Minha pergunta é sobre isso. E quando estamos trabalhando com nossos sonhos, sonhando lúcidamente ou percebendo que estamos sonhando, qual é o nosso objetivo? Fazemos algum tipo de prática?

Resposta: A primeira parte do que você disse, sobre reconhecer e deixar ir, está correta. A ideia de abandonar o apego definitivamente tem um lugar aí. Essa é realmente a extensão do que precisa ser feito na meditação.

Quanto ao objeto da ioga dos sonhos, se você puder estar lúcido em um sonho e, idealmente, se puder se lembrar da Mente Natural e meditar, isso é suficiente. Não há necessidade de fazer qualquer outra prática, visualização de divindades e assim por diante. Este é o mesmo para o estado desperto. Se você não perder sua meditação da Mente Natural enquanto trabalha ou caminha, etc., então tudo se torna prática. É o mesmo em um sonho; se você puder se lembrar do estado natural, é melhor. Alguns praticantes e iogues usam o yoga dos sonhos para fazer diferentes meditações diárias, como ir à Terra Pura das Divindades e Budas, mas isso é diferente.

Pergunta: No *Dzogchen*, seria útil se a pessoa tivesse a habilidade de desenvolver as quatro absorções sem forma e as quatro absorções da forma, que são definidas principalmente nos ensinamentos do *Theravada*, mas também mencionadas no *Mahayana*? Seria útil cultivá-los, se alguém tivesse a capacidade de fazê-lo, no *Dzogchen*.

Resposta: Eu diria que não há muito benefício nisso no contexto da meditação *Dzogchen*. Mas pode ser útil para um iniciante. Os estágios da meditação *shamatha* são superados por meditações que combinam *shamatha* e *vipassana*. Quando é puramente *shamatha*, eles são inferiores, são mundanos. As meditações que combinam o insight especial de *vipassana* são supramundanas, vão além disso. Nesse processo de meditação *shamatha*, níveis mentais mais refinados ou mais sutis são trazidos à tona. Mas eles são apenas mundanos, não transcendentais, meditação. *Dzogchen* vai além disso. No processo de meditação *shamatha*, há ascensão através dos reinos da existência, do mais denso ao mais sutil. Olhar para um nível inferior de existência é mais grosseiro. *Dzogchen* é mais sutil. Por exemplo, ver formas no reino da forma é como pensar "Ah, isso é nojento, não preciso disso". Ou "eu não quero isso". Quando na meditação *Dzogchen*, há uma liberação simples, uma liberação de todas as formas na Mente Natural. Não existe esse tipo de discriminação entre "Oh, este é um estado mais grosseiro e eu não o quero; este é um estado mais refinado que eu quero. Esse tipo de discriminação não está presente.

Pergunta: Tive alguns sonhos em que percebi que estava sonhando. Era como ser a testemunha do sonho. Quando isso acontecer, devo apenas relaxar nesta percepção? Nesse ponto, devo relaxar naquele espaço natural?

Resposta: Antes de tudo, é importante poder reconhecer que você está sonhando, saber que um sonho é um sonho. Isso se chama sonho lúcido. Se você puder fazer isso, o próximo passo de lembrar ou reconhecer a Mente Natural é muito fácil. Se você puder manter a força dessa compreensão e realização da Mente Natural, poderá continuar com o sonho. Na verdade, o mais difícil, antes de tudo, é acordar para o fato de que você está sonhando. Existem muitos métodos diferentes que podem ser aplicados para realizar essa primeira etapa.

Pergunta: Quando você pratica ioga dos sonhos, se tiver que se levantar e ir trabalhar mais tarde, pode relaxar totalmente e alimentar-se dessa experiência, sem se preocupar em não dormir porque está meditando? Você poderia estar no estado natural? E eventualmente, apenas levantar e fazer sua vida diária, e não ter que se preocupar por não ter dormido enquanto sonhava a noite toda no estado natural?

Resposta: Se você estiver meditando na Mente Natural, terá um descanso ainda melhor do que se estiver apenas dormindo! Você também pode fazer as duas coisas. Você pode ter um sono reparador e meditar na Mente Natural. Você pode definir essa intenção ao dormir que deseja meditar na Mente Natural. Se você definir essa motivação antes de dormir, isso pode levar à capacidade de meditar enquanto você dorme. Ao acordar, você pode manter o mesmo continuum de meditação; entender e manter um continuum desde o sono até o estado de vigília. Você tem que desenvolver uma forte familiaridade com a meditação para que isso aconteça. Ou seja, significa que "não há diferença entre o dia e a noite". Significa esse tipo de meditação.

Pergunta: Qual é o papel da devoção e da bênção?

Resposta: Um sinal de ter devoção e receber bênçãos é quando você reconhece a Mente Natural e a prática o ajuda a dissipar as dificuldades e o sofrimento. Esse é o sinal de que bênçãos estão sendo recebidas. Você precisa ter reverência para com os próprios ensinamentos. Falamos sobre reverência e devoção temporárias e reverência e devoção definitivas. O temporário é quando a prática ajuda a aliviar e dissipar problemas e sofrimentos no curso de sua vida diária. A definitiva é aquela que pode fazer o mesmo por sua migração através do bardo e para vidas futuras. Existem muitos tipos diferentes de ensinamentos, como os nove veículos, para seres humanos com diferentes faculdades ou capacidades. Nove é uma espécie de descrição aproximada de muitos níveis diferentes.

A linhagem dos ensinamentos *Dzogchen* remonta a *Samantabhadra. Satrig Ersang*, a Grande Mãe da Perfeição da Sabedoria, que também é a fonte – no desvelar de si mesma, emanando em várias formas, como a linhagem Dakini, descendo até nós. No século VIII chegou à rainha tibetana Choza Bonmo. Então, no século XI, veio através desta linhagem próxima. Também há muito a dizer sobre a longa linhagem.

Pergunta: Em algumas tradições, é ensinado que no bardo pode haver sons e visões muito perturbadoras. Assim, as pessoas são ensinadas a usar suportes como a visualização de uma divindade; por exemplo, uma divindade irada. Mas nesta tradição não usamos nada disso, apenas descansamos no estado natural de perfeição da mente. Nós continuamente trazemos tudo para o Estado Natural. Podemos viajar pelo bardo sem perder essa Mente Natural?

Resposta: Sim. É semelhante aos sonhos, onde às vezes você pode ter pesadelos. Portanto, tudo se resume ao que dizemos na oração: "Por favor, abençoe-me para que eu perceba que todas as aparências são uma forma da própria Mente Natural". Da mesma forma, nosso corpo é vazio de forma. É um tipo de prática que pode ser aplicada em sonhos e também no bardo. Entenda que o corpo é uma forma vazia e use-o como tal. Então nenhum problema será encontrado.

Pergunta: Algo em sua fala chamou minha atenção. Se você misturar *dutsi* com veneno, minha mente está pensando que o *dutsi* substituiria o veneno porque é muito poderoso. Mas acho que você disse que o veneno diminuiria o *dutsi*. Isso é correto?

Resposta: Você está falando sobre os problemas que surgem ao poluir as instruções. Criamos uma quantidade tremenda de energia positiva e maravilhosa ao atender a este assunto, compreendendo a Mente Natural em nossa prática e discutindo essas coisas. Precisamos dedicar essa energia positiva não apenas para nós mesmos, mas para o bem e felicidade de todos os seres, para que eles possam atender a essas instruções e se libertar do sofrimento.

Também podemos dedicar o mérito à pacificação dos problemas do meio ambiente, pela paz mundial e, especialmente, pela liberdade da perturbação dos elementos em nossa área particular. Junto com isso, quaisquer desafios ou problemas específicos que familiares, amigos ou parceiros estejam enfrentando e lidando também podem ser lembrados, e você pode fazer uma dedicação específica para eles junto com a dedicação geral. Você também pode se lembrar daqueles que já se foram e dedicar energia ao seu bem-estar e a uma jornada feliz.

O Texto Raiz

*

Mulheres Sagradas da Grande Perfeição

Trinta Sinais e Significados da Natureza Suprema
na Antiga Tradição Tibetana

*Da Limpeza da Essência Mental Primordial do Céu Branco dos Extremos:
Ciclo de Instruções Essenciais das Linhagens Masculina e Feminina*

Homenagem à Dakini Principal dos Cinco Conjuntos de Dakinis!

A Grande Mãe Satrig Ersang emanou uma bela *samaya-dakini*, Dzema Yiwongma, que ensinou essas instruções abençoadas da linhagem feminina às deusas (Walmo) e dakinis.

Todos os da linhagem feminina ficaram satisfeitos e satisfizeram dúvidas. A samaya-dakini Dzema Yiwongma capturou as instruções escritas em tinta de lápis-lazúli escritas em folhas de cobre do espaço, abençoou-as e doou-as a elas. A Dakini Indiana Ulishag as traduziu para o sânscrito.

O significado se apresenta em dois aspectos: demonstração direta dos signos não verbais; e explicação verbal de todos os significados como estando incluídos na Mente Natural.

Samaya-Dakini Dzema Yiwongma deu à dakini indiana a indicação simbólica.

Número 1: uma linha de luz no espaço.

Significado 1: Este bodhicitta-dharmakaya primordialmente

existente carece dos cinco agregados; está além do florescimento e do declínio, nascimento e morte, união e separação; não pode ser morto ou destruído. Toda a existência está incluída na Mente Natural, residindo primordialmente no dharmakaya. Da linhagem vidhyadhara de transmissão mental, foi então transmitida às divindades mundanas.

Assim ela falou.

A Dakini Indiana Ulishag revelou à Deusa Dakini Namkha Ökyi Gyelmo o sinal número 2: as palmas das mãos irrompendo no espaço.

Significado 2. Porque é, em última análise, interminável dentro da faixa de vitória não declinante de Bodhicitta-Mente-Natural, Dharmakaya não aumenta ou diminui; é imutável; é o grande indestrutível *yung-drung* dos três tempos, uma faixa de vitória primordial que não abandona a matriz do samsara e do nirvana.

Assim ela falou.

A Deusa Dakini Namkha Ökyi Gyelmo revelou a Dakini Salwa Yingchug Ma de Razhag o sinal número 3: Seu corpo parado no espaço.

Significado 3: A característica definidora da Mente Natural é ser primordialmente iluminada. Esse *Yung-Drung-Bodhicitta* está além do pensamento, causas e condições. Deixando que o corpo e a mente inalterados, surjam no singular Dharmakaya, livre dos extremos da aparência e do vazio; o corpo primordialmente auto-surgido.

Assim ela falou.

Dakini Salwa Yingchug Ma, de Razhag, revelou à Dakini Ökyi Lama, de Zhangzhung, o sinal número 4: puxando a nuca com os dedos da mão direita.

Significado 4: Primordialmente desobstruída, a Mente Natural é vazia e clara. Pela mente olhando para a mente, os objetos aparentes são exauridos. Em seguida, estabelece-se em um estado além dos objetos observados, sem nada para ver. Este é o espaço vazio da mente; objetos de meditação são liberados dentro da consciência prístina.

Assim ela falou.

Dakini Ökyi Lama, de Zhangzhung, mostrou à senhora da família Dong, Dakini Kharmokyong, o sinal número 5: a parada automática do pensamento.

Significado 5: O espaço é um exemplo de Mente Natural. O significado exemplificado está primordialmente desperto. Vacuidade e clareza, consciência pura e incondicionada permeiam tudo do centro à borda. Dharmakaya é vazio, além de objetos inerentemente existentes. Estabeleça-se, integrando-se com a consciência pura, com base no que aparecer.

Assim ela falou.

A Lady Dong, Dakini Kharmokyong, mostrou à Dakini Mang-je Salgye-ö, da Pérsia, o sinal número 6: luz no espaço.

Significado 6: Quando examinamos a Mente Natural, tudo o que aparece é primordialmente puro. Uma vez que as aparências naturais são liberadas, isso é Dharmakaya não dual. Toda a existência é liberada, não rejeitada; este é o despertar supremo. O que quer que aconteça nas aparências é uma manifestação da Consciência Pura.

Assim ela falou.

Dakini Mang-je Salgye-ö, da Pérsia, mostrou à Dakini Dutsi-kyong, da casta inferior de Uddiyana, o sinal número 7: seus braços abraçando suas coxas.

Significado 7: No espaço da Mente Natural, primordialmente vazio, onipresente, surgem manifestações de mudra, mandalas, formas e cores. Elas nunca saem da natureza última da mente. Não sair da verdadeira natureza da mente é o selo da Mente Natural.

Assim ela falou.

Dakini Dutsi-kyong, de Uddiyana, mostrou à indiana Dakini Thuchen, de Phamting, o sinal número 8: movendo-se para baixo e pressionando com a mão.

Significado 8: Uma vez que a Mente Natural não é objetificável, Dharmakaya está além do esforço. Não tem cor, nem forma, nem dimensões. Uma vez que está primordialmente além da produção e da desintegração, não pode ser destruído por nada. Permanece no espaço sem objeto, vazio e onipresente.

Assim ela falou.

A Dakini indiana Thuchen, de Phamting, mostrou à Dakini chinesa, Selwa Ödrön, o sinal número 9: transferência de consciência para uma Deidade irada.

Significado 9: Uma vez que a existência é o brilho da pura luminosidade que excede em muito o sol e a lua, habitar na luminosidade onipresente dissipa a escuridão da ignorância. Uma vez que é primordialmente iluminado, o samsara é completamente desenraizado. Como suas qualidades prévias e posteriores não são diferentes, os três tempos são de uma única natureza.

Assim ela falou.

A Dakini chinesa, Selwa Ödrön, mostrou à Dakini Drimé Dangden Ma, de Yorpo, o sinal número 10: transferência de consciência para a base da clara luz, Mente Natural.

Significado 10: A Mente Natural é a natureza do grande néctar. Uma vez que desfruta de tudo dentro e fora, tudo o que aparece é néctar. Por selar tudo o que aparece, a Mente Natural é néctar supremo. Uma vez que permeia o espaço incomensurável, Dharmakaya é néctar.

Assim ela falou.

Dakini Drimé Dangden Ma, de Yorpo, mostrou a Dakini da família Cho, Ökyi Dzutrul Tön, o sinal número 11: mão direita levantando o joelho direito.

Significado 11: A Mente Natural é como o espaço; é primordialmente vazia, altruísta e onipresente. A Mente Natural é como um lótus; é livre de extremos de bem e mal, tanto por fora quanto por dentro. A Mente Natural é como uma joia preciosa; tudo o que é desejado ou necessário surge dela. A Mente Natural é como um arco-íris; é o Dharmakaya da aparência não dual e da vacuidade.

Assim ela falou.

A Dakini da família Cho, Ökyi Dzutrul Tön, mostrou à Dakini Dzutrul Natsog Tön, de Drusha, o sinal número 12: seis rodas de luz.

Significado 12: A Mente Natural carece de existência inerente e está livre do extremo da permanência. Como nunca falta, está livre do extremo do niilismo. Não se apega aos seis objetos da consciência e está livre do auto-agarramento. Está além da cor e da direção, livre de todo apego à existência inerente.

Assim ela falou.

A Dakini Dzutrul Natsog Tön, de Drusha, mostrou à Dakini Lunggyen Nangwa Datön Ma, o sinal número 13: uma união de luzes de método e sabedoria.

Significado 13: Dentro da Grande Permanência da ausência de encontro e separação, liberação e decepção, existe o Grande Niilismo espontaneamente estabelecido, ausente da apreensão do ego. Uma vez que a existência é auto-selada, é o Grande Eu. Uma vez que a existência é fiel à aparência da natureza, é a Grande Apreensão da Realidade.

Assim ela falou.

A Dakini Lung-gyen Nangwa Datön Ma, mostrou à Dakini Tog-beb Ma, ancestral de Menyag, o sinal número 14: agachada como um cachorro ou leão, olhando para o espaço.

Significado 14: Não rejeitando as aparências de luz, elas são reconhecidas como manifestações da Consciência Pura. Quaisquer concepções de apreensão que surjam são o parque de diversões da Consciência Pura. O lugar de libertação da Consciência Pura é não pensar no que aparece. Primordialmente, não pensar em nada é a Liberação resultante.

Assim ela falou.

A Dakini Tog-beb Ma, de ascendência tibetan) Menyag, mostrou à Dakini Namkha Cham, de Uddiyana, o sinal número 15: convidando a luz da esfera da Consciência.

Significado 15: A Mente Natural está além dos objetos apreendidos. Não obedecendo às percepções, ela permeia toda a existência. Como em última análise, não há nomes; não existe um nome para a sabedoria. Como não pode ser mostrado de maneira convencional e sem produção e desintegração, é como o indestrutível diamante *Yung-Drung*.

Assim ela falou

A Dakini Namkha Cham, de Uddiyana, mostrou à Dakini Shiwer Ötang Ma, o sinal número 16: reunindo cinco gotas.

Significado 16: A mente da Consciência Pura não pode ser revelada como, 'É isso.' Não há nada que possa medir ou simbolizar o *Yung-Drung-Mente*. A Mente Natural é primordialmente livre de acumulação e dispersão. Eu me curvo ao Dharmakaya em que as aparências são auto-liberadas.

Assim ela falou.

A Dakini Shiwer Ötang Ma, mostrou à Dakini Kashmiri Gyan-den Ma, o sinal número 17: pressionando o corpo com dez dedos.

Significado 17: Como a Mente Natural de Yung-Drung se espalha por toda parte, do centro às bordas mais externas, é um grande espaço. Como é imutável em última análise, é um grande espaço indestrutível. Por ser livre de artifícios de aceitação e rejeição, é um grande espaço inimaginável. Como nunca se esgota, não importa como você o use, é um grande espaço muito precioso.

Assim ela falou.

A Dakini Kashmiri Gyan-den Ma, mostrou à Dakini Gyer Drag-chen Tsal, o sinal número 18: puxando diretamente com equilíbrio meditativo.

Significado 18: Como a Mente Natural, o espaço sem direção, nunca rejeitou nada, ilusões e carma, como nuvens e névoa, surgem e se dissolvem. O que quer que seja compreendido dentro da Consciência Pura nunca sai da Mente Natural. Toda a existência aparece e é liberada dentro da Mente Natural. Uma vez que positivo e negativo são indiferenciados, não há divisão da Mente Natural. Como nunca é esclarecida ou obscurecida, está aberta dia e noite.

Assim ela falou.

A Dakini Gyer Drag-chen Tsal, mostrou à Dakini Namkha Nyima Öden Ma, o sinal número 19: pressionando as palmas das mãos na cintura de cada lado.

Significado 19: Uma vez que a Mente Natural é incomensurável, ela é primordialmente sem tamanho. Como o Dharmakaya existe espontaneamente, a discriminação do bem e do mal é autoliberada. Uma vez que as falhas são destruídas desde a base, as boas qualidades são naturalmente completas. Desde que o Rei da Consciência é realizado, as ilusões já estão aniquiladas.

Assim ela falou.

Dakini Namkha Nyima Öden Ma, mostrou a Dakini Nyima Tong-Kyab Ma, o sinal número 20: o sinal de um coração, como três espelhos mágicos.

Significado 20: Uma vez que o espaço é irrestrito, não o prenda com apreensão dualista. Se você não puder ser insensível às aparências dualistas, o sol da sabedoria se porá. Se o pensamento não surgir como Mente Natural, você tentará escalar os caminhos e as etapas, mas a sabedoria desaparecerá. Se você não fizer amizade com o demônio das emoções negativas, seu caminho de prática se tornará intransponível.

Assim ela falou.

Dakini Nyima Tong-Kyab Ma, mostrou à Dakini Maha Sukasiddhi, o sinal número 21: o sinal da própria radiância da Consciência Pura; pressionando o corpo.

Significado 21: Se você não mantiver o significado com confiança, a filha do esforço enlouquecerá. Se você não aceitar a proteção do guardião da visão, o ente querido, sua própria mente, será destruída como a um inimigo. Se você não colocar a sentinela da meditação, ser conhecido como um grande iogue não fará sentido. Se você não domar o elefante selvagem da conduta, sua visão se tornará a de uma pessoa comum.

Assim ela falou.

O Dakini Maha Sukasiddhi mostrou à Dakini Bon-chig, da família Cho, o sinal número 22: o sinal do significado claro, mãos dadas.

Significado 22: Como a Mente Natural não tem passado nem futuro, ela está conectada a todos os Budas dos três tempos. Como a Mente Natural inclui a compaixão incomensurável, ela está conectada a todos os seres senscientes. Perceber que é o lugar ondde tudo que surge, permanece e se dissolve; que está conectado com todos os caminhos e resultados. Uma vez que a vacuidade e as aparências são liberadas na Consciência Pura, o fruto é obtido sem esforço.

Assim ela falou.

A família Cho Dakini Bon-chig mostrou o sinal número 23: coletando a essência da vida dos Gurus.

Significado 23: Como não nasce de causas e condições, não há base para uma produção original. Uma vez que reside no grande desconhecido, no meio não há lugar para permanecer. Como o

Dharmakaya é imutável, não há como terminar. Uma vez que a existência é liberada na esfera última da Consciência Pura, não há três Corpos resultantes que foram procurados para serem alcançados.

Assim ela falou.

O sinal número 24 é a Transferência da Mente AH Branca.

Significado 24: Na Sabedoria Auto-Originada não há dependência de caminhos e estágios a serem alcançados. Como não depende de causa e efeito, é uma radiância que permeia o espaço. Não é interrompido por condições, nem destruído por antídotos. Como a Consciência Pura é autoliberada, o resultado é livre de produção e destruição.

Assim ela falou.

O sinal número 25 é Guru Yoga na coroa.

Significado 25: Esta Consciência da Sabedoria auto-criada nunca foi produzida ou destruída por causas e condições. Não há enumeração de caminhos, etapas e resultados. Está livre de ser um objeto dos dezessete conceitos.

Assim ela falou.

O sinal número 26 é seis rodas giratórias autolimpantes.

Significado 26: Uma vez que um raio de consciência surge da vacuidade, as causas da realização são auto-liberadas. Desde que um raio de consciência transcendendo causa e efeito surge, caminhos sequenciais (yana-veículos) são auto-liberados. Uma vez que surge um raio de consciência que transcende o imperfeito, o apego é autoliberado. Uma vez que surge um raio de consciência da vacuidade e das aparências, um criador é auto-liberado.

Assim ela falou.

O sinal número 27 indica a Mente Natural com um espelho iluminado.

Significado 27: A Mente Natural não nasceu, além do caminho das palavras, sejam simples ou elaboradas e além das quatro convencionalidades dualísticas: existir, ver, aparecer ou ser a realidade convencionalmente aceita. Esta é a perspectiva do *Dzogchen*.

Assim ela falou.

O sinal número 28 é oferecer o corpo em uma reunião festiva (tsogganacakra).

Significado 28: A Mente Natural Autoliberada é a essência do significado do Vazio. Visões que afirmam singularidade (partidarismo) ou multiplicidade são uma armadilha. Além de toda esperança e medo, além de esforço, a Mente Natural é um vasto receptáculo de grande bem-aventurança.

Assim ela falou.

O sinal número 29 é o mudra do leão liberado.

Significado 29: Como a Consciência é completamente pura, nem mesmo o nome samsara existe. Sem abandonar os cinco agregados, a iluminação é primordialmente alcançada. Todos os ornamentos que iluminam a Mente Natural estão completos. A equanimidade de *Samantabhadra* não resvala para o partidarismo.

Assim ela falou.

O sinal número 30 é o sinal de estar protegido pela ordem do Senhor.

Significado 30: Aqueles que não permanecem nisso, que não têm fortuna para isso, são como alguém que quer iogurte tentando ordenhar um chifre ou um cachorro tentando lamber o espaço. Este é um lugar de raksha-canibais onde o brilho dos elementos desapareceu. Ao misturar néctar com veneno, você abrevia a vida dos seres vivos. Ao misturar visão, meditação, conduta e fruição, você entra em um poço de escuridão. A degeneração do *samaya* fará o sangue do coração escorrer de sua boca.

Assim ela falou.

SAMAYAPATA

O fim

Eu sou o erudito Drenpa Namkha.

Esta Linhagem Feminina que concede alívio foi escrita com lápis-lazúli em folhas de cobre.

Esses sinais da linhagem foram transmitidos por uma sucessão de Mahasiddha Dakinis.

Para seres afortunados alcançarem a Liberação, ela foi confiada aos discípulos das gerações futuras.

Reis e ministros tolos transformaram Bön em Dharma. A lâmpada dos ensinamentos Bön foi escondida no subsolo.

Esta transmissão mental, que é como ouro, não estava escondida no subsolo, mas guardada em minha mente.

Foi transmitido de coração a coração por pessoas afortunadas. É a essência dos ensinamentos, não comum a todos.

Se você não o esconder daqueles com samaya degenerado, sua vida será encurtada.

Assim ele disse.

selado-selado-selado-selado-selado-selado-selado-selado-selado.

Está selado com nove selos.

Estes 'Trinta Sinais da Linhagem Feminina' é a gota d'água de Je Ritröpa.

Foi passado para Tulku Lung-tön Lha-nyen. Ele o transmitiu a Lung-gom Korlo Gyalpo.

E THI

Meditação Adicional

Relaxe seu corpo e mente. Deixe ir e libere sua mente sem nenhum movimento. Assim como se você tivesse nós amarrados em uma corda, desamarre-os; esses nós representam qualquer apreensão. Relaxe sem pensar em conter ou parar os pensamentos.

Se um pensamento surgir, não se preocupe com ele. É como se quaisquer nuvens se desenvolvessem e se dissolvessem no espaço. Portanto, permaneça nessa continuidade, na consciência que manifesta a aparência. Dentro da experiência, o fator vazio ou o fator aparência pode ser mais aparente. Não faz diferença.

Isto é o que fazemos. É assim que meditamos: silenciosamente. Mesmo que surjam pensamentos ou aparências perturbadoras, seremos capazes de sustentar a meditação. Queremos ser capazes de trazer essa consciência de volta à mente durante o curso de nossa vida, estejamos dirigindo na estrada, trabalhando, cozinhando ou em qualquer outra atividade. Eventualmente, você será capaz de sustentar sua consciência o tempo todo.

Não importa o que esteja surgindo em sua mente, bom ou ruim. Nós apenas olhamos para o que surge e nos acomodamos no Estado Natural. Sente-se confortavelmente na postura habitual de meditação. Como se diz, "medite, medite, não medite. Se acomode, se acomode, não se acomode. Acomodar sem acomodar." Também é dito: "Vagueie, vagueie, não vagueie." Esta atenção a tudo o que está surgindo nos leva ao Estado Natural. Em última análise, precisamos da não distração, então nos acomodamos na não distração. Isso é o que chamamos de meditação. Não há meditação que esteja além ou superior a isso. Nenhuma outra explicação é necessária.

Guru Yoga - Khandro Choza Bonmo

Visualize a Deusa Dourada sentada em um tamanho confortável para você no espaço à sua frente. Visualize os raios de luz emanando de seu coração e atingindo-nos, antes de tudo na natureza do fogo da sabedoria, que queima todos os obscurecimentos em nossa mente, todos os vestígios cármicos e, especialmente, quaisquer obstáculos à nossa compreensão dos ensinamentos. Então, a natureza da água da sabedoria vem para lavar. Então, pela terceira vez, raios de luz na natureza do vento da sabedoria vêm para afastar todos os obscurecimentos e obstáculos para a realização das instruções. Da coroa da Grande Esfera Mãe vem um Ah branco que se dissolve em nossa coroa, dotando-nos de todas as qualidades do corpo iluminado; de sua garganta sai um Om vermelho que se dissolve em nossa garganta, dotando-nos de todas as qualidades da fala iluminada; e, de seu coração vem um Hung azul que se dissolve em nosso coração, dotando-nos de todas as qualidades da mente iluminada. Com isso, passamos a ser dotados de todas as qualidades do corpo iluminado, da fala e da mente do estado de Buda.

Agora vamos meditar exatamente como fizemos antes. Estamos realmente nos concentrando no Bonku, o Dharmakaya, dentro de nós mesmos. Relaxe corpo e mente. Mantenha a coluna ereta. Isso é para manter o fluxo de energia nos canais e manter equilibrada a energia que flui dentro dos canais. Então a mente ficará relaxada. Isso nos ajuda a descansar na Mente Natural.

À medida que você descansa na Mente Natural, sem dúvida surgirão pensamentos. Mas não devote a eles nenhum interesse especial. Não preste atenção ao seu conteúdo. Não os siga e não os impeça. Apenas deixe sua mente completamente relaxada. Deixe que todo apego se dissolva. Não dê atenção a nenhum objeto. Você pode ganhar experiência, um equilíbrio meditativo, como o espaço. Se esse tipo de experiência surgir, descanse nela. Como quando olhamos para as coisas com nossos olhos, a clara luz nasce dentro de nós. Permaneça continuamente nessa experiência sem inventar nada ou alterar nada. Apenas descanse continuamente na inseparabilidade da vacuidade e da iluminação. Não pense "Oh, está vazio" ou "está luminoso". Cultive a experiência e permaneça em sua continuidade. Se um pensamento surgir e a mente o seguir, apenas reconheça que aconteceu. Em seguida, volte à absorção anterior.

*Nota: Todos os dias, quando tiver tempo, medite.

Um dos discípulos do Mestre Drenpa Namkha pediu-lhe: "Por favor, dê-me apenas uma frase para atingir a iluminação." Drenpa Namkha respondeu: "Todos os fenômenos são infundados. Perceba isso e você alcançará a iluminação." Entenda e concentre-se nisso. Esta é a meditação que estamos fazendo aqui. Se você reconhece a Mente Natural, foca nela, medita nela, então não há nada que não esteja incluído nisso. Todo o seu mundo está incluído nisso. Parece que existe apenas uma terra, um mundo, mas, na verdade, o mundo é individual para cada um de nós. Esse mundo existe em relação a nós individualmente. Na verdade, existem muitos mundos. Quando nascemos, o mundo que experimentamos passa a existir. E quando morremos, esse mundo da nossa existência desaparece. O mundo geral não se desintegra nem desaparece. Este é o significado de "todas as aparências e existências: surgem da Mente Natural, permanecem na Mente Natural e se dissolvem de volta na Mente Natural". A Mente Natural é o que chamamos de Grande Esfera Mãe. Esta linhagem dos ensinamentos *Dakini Dzogchen* está muito relacionada a este assunto. Todos os fenômenos surgem, permanecem e se dissolvem dentro da Grande Mãe. Todas essas *Dakinis* das quais estamos falando já alcançaram a iluminação com base nisso.

Sobre Geshe Dangsong Namgyal

Geshe Dangsong Namgyal é professor, autor, poeta e mestre de meditação.

Ele nasceu no Tibete em 1970 e estudou com muitos dos grandes mestres da atualidade. Quando menino, acompanhava seu pai, o mestre do ritual Karshod na região de Kham, no Tibete. Ele realizou uma prática de Dzogchen Ngondro de novecentos mil voltas, de Togden Sherab Phuntsog Rinpoche, quando tinha apenas 12 anos.

Entrando no Mosteiro Lung Kar em 1985, estudou com Lobpon Tsultrim Namdag e Mestre Khanpo Nyima Lodo: o treinamento da mente - onde se busca a paz interior: além do materialismo e da sobrevivência. Completou um retiro Ngondro de três anos para Kalung Gyatso com o texto "Treasure of

Ocean" de SharZa Rinpoche (Ah Khrid Ngondro), aprendido com Lobpon Tsultrim Namdag. Mestre Khanpo Nyima Lodo lhe transmitiu os Ensinamentos Essenciais do Dzogchen, incluindo Phowa, Rushen e Meditação.

Sob o conselho de seus professores, em 1991, Geshe parte para a India, seguindo para o Mosteiro de Menri e depois para o Sera Je; onde recebeu ensinamentos de S.H. Menri Tridzin Rinpoche, S.E. Kyabje Choden Rinpoche, o anterior abade S.E. Losang Tsering Rinpoche, e o anterior Abade S.E. Khanzur Losang Delek, participou de numerosos ensinamentos com H.H. o Dalai Lama, e também estudou sob a orientação de H.E. Yongdzin Lopon Rinpoche. Simultaneamente, pesquisou em minúcias a antiga história, cultura e religião Bon e foi convidado para palestrar em conferências a partir de 2003, começando na Universidade de Oxford, Inglaterra; e depois, França, Índia, Japão, Nepal e Estados Unidos. Em 2011, seus 16 anos de estudos monásticos e treinamentos em Bön e budismo indiano lhe concederam o título de Geshe (Doutor em Filosofia).

Em 2012, Geshe Dangsong Namgyal retornou à sua linhagem natal através do Monastério Triten Norbutse em Kathmandu, Nepal. Tópicos de estudo englobam os nove caminhos do Bön: Cosmologia, Filosofias do Sutra, Vinaya, Tantra e Bön Dzogchen, guiados por S.E. Yongdzin Lopon Rinpoche.

Em 2013, chega a San Jose, na Califórnia, à convite de H.E. Choden Rinpoche, do Ananda Dharma Center; onde por dois anos, ele deu ensinamentos budistas como os Estágios do Caminho, Prajnaparamita, Os Cinco Caminhos, os Dez Níveis de Bodhisattva e muito mais.

Por meio desses ensinamentos e experiências, Geshela desenvolveu um amplo escopo de conhecimento a partir do qual criou o Programa de Sabedoria Kunsang Gar, destilando os ensinamentos em três categorias principais: Sabedoria Quintessencial, Sabedoria Fundamental e Desenvolvimento Mental.

Ele ensina que, ao introduzir diretamente a natureza primordial de Buda por meio dos ensinamentos puros do Dzogchen, aqueles que recebem esses ensinamentos podem entrar nesse reconhecimento e descobrir a verdadeira paz, força, destemor na vida e ganhar confiança em uma eventual morte positiva, Bardo e experiência de renascimento. Ele inclui antigos rituais Bön para ajudar a equilibrar os elementos e o corpo-mente. O Kunsang Gar Center Internacional foi estabelecido na Califórnia como uma organização religiosa sem fins lucrativos em 2016, com filiais no México e na América do Sul.

Como diretor espiritual fundador, Geshe Dangsong Namgyal segue compartilhando os ensinamentos do Dharma semanalmente, essa é sua missão de vida, que ele auspiciosamente compartilha conosco e com toda a humanidade, para o benefício de todos os seres.

Agradecimentos

Gostaria de expressar minha mais profunda gratidão ao grande Dzogchen iogue Lama Rinchen Lodo e Lopon Dangsong Lodo que pesquisaram textos antigos para os sinais Dakini e mudras em preparação para os desenhos sagrados que foram criados por Norbu Lhundrub.

Gratidão a todos aqueles que traduziram, transcreveram, revisaram, editaram, publicaram, patrocinaram, e a todos que de alguma forma contribuíram com seus esforços para a produção desse livro. Em particular, gostaria de expressar minha sincera gratidão ao tradutor David Molk e a todos os meus alunos do dharma, especialmente Hal Blacker, Gale Petti, Kate Hitt e Antoinette Bauer-Smedberg.

Também gostaria de expressar minha gratidão aos membros do Conselho do Kunsang Gar e à sangha por seu apoio contínuo e participação em muitas das grandes atividades do Dharma, através das quais esse livro se tornou realidade.

www.ingramcontent.com/pod-product-compliance
Ingram Content Group UK Ltd.
Pitfield, Milton Keynes, MK11 3LW, UK
UKHW040008250125
454023UK00004B/198